언제나,
나의 집밥
인기 베스트 104

구리하라 하루미 지음

용동희 옮김

GREENCOOK

**매일의 나의 삶에서
작은 즐거움을 발견하고 싶다**

요리일을 시작하고서 눈 깜짝할 사이에 35년이 흘렀습니다. 남편이 데려오는 직장동료나 친구들에게 요리를 대접하는 전업주부였던 제가, 이렇게 오랫동안 일을 계속하게 될 줄은 꿈에도 생각하지 못했어요.

일을 하다 보니「오늘의 요리」로부터 요청을 받게 되었고, 매번 긴장하면서 TV에서 요리를 소개하게 되었습니다. 그리고「오늘의 요리」가 방송 60주년을 맞이하는 기념비적인 해에 나의 요리를 한 권의 책으로 정리하게 되었습니다. 다시 레시피를 살펴보니 정말 평소에 먹는 우리집 음식들이네요. 남편 레이지 씨와 아이들이 좋아하는 것들로 가득해서 왠지 기쁩니다.

저는 어떻게 하면 건강하고 즐겁게 지낼 수 있을지를 늘 생각하며 지냅니다. 매일의 삶에서 제 마음에 남은 작은 것 하나도 놓치지 않으려 하고, 그것을 노트에 적어두고, 시도해보려고 했어요. 요리도 마찬가지입니다. 예를 들어, 생강구이와 같은 단골메뉴도「더 맛있게 할 수 있지 않을까?」를 생각하여 반복해서 만들어봅니다. 그 결과,「고기는 상온에 둔다.」,「부위는 어깨등심이 좋다.」,「두꺼우면 두들겨 얇게 만든다.」등, 제 나름대로의 맛을 발견하게 되었습니다. 특히 가족이 좋아하는 맛은, 조금이라도 맛있어지길 바라면서 같은 레시피를 반복해서 만들어봤어요. 최근엔 우리 부부 둘만 살고 있는데, 남편이 좋아하는 요리를「맛있네」라고 기뻐할 때까지 계속 만들어볼까 합니다.

하나의 요리를 몇 번이고 반복해서 만들다 보면 새로운 발견이 있고, 그것이 매일의 즐거움으로 이어진다고 생각합니다. 그 어떤 사소한 일도 열심히 하는 것이 중요하다는 것을 실감하고 있습니다.

CONTENTS

매일의 나의 삶에서 작은 즐거움을 발견하고 싶다	2

모두가 선택한 인기 레시피 베스트 10

돼지고기 연근 조림	6
참깨소스를 뿌린 차가운 가지	8
문어와 토마토 샐러드	9
대파소스를 얹은 닭튀김	10
모둠버섯 마리네	12
돼지고기 생강구이	13
돼지고기와 소송채 앙가케 야키소바	14
닭고기햄	16
단촛물드레싱 어린잎샐러드	16
간단 차슈	18
셀러리 츠쿠네	20

계속 만들어 온 우리집의 맛

당근과 참치 샐러드	24
새콤달콤 오이샐러드	25
타이풍 당면샐러드	26
연근전병	27
감자 그라탱	28
무와 돼지고기 간장조림	30
버섯전골	31
참깨두부무침	32
떡 넣은 차완무시	33
마파두부	34
돼지고기와 채소 만두	36
무와 가리비 만두	36
간단 석쇠구이빵	38
칠리콘 카네	39
함박스테이크	40
당근수프조림	40
옥수수크림조림	40
데친 브로콜리	40
치킨 레몬버터 소테	42
감자소테	43
양배추소테	43
은대구와 셀러리 조림	44
연어 난반즈케	45
고등어 미소조림	46
갈릭토스트	47
새우가스	48
베트남 스프링롤	50
당근초절임	50
닭고기 오야코동	52
꽁치솥밥	53
치킨 바질 카레라이스	54
달걀초간장절임	55
카파오 라이스	56
세미드라이 토마토 파스타	58
미트소스 스파게티	59

정말 좋아하는, 말린 식재료로

콩조림	62
콩을 넣은 드라이카레	63
참깨빵	63
단호박과 톳 크로켓	64
톳생강조림	64
무말랭이 에스닉 오믈렛	65
무말랭이조림	65
닭고기조림	66
박고지와 표고버섯 김초밥	68
박고지조림	69
건표고버섯조림	69
다시마채와 소고기타타키 샐러드	70
다시마채와 연근 조림	71
다시마채와 당근 조림	71

밑반찬이 있으면 식탁이 즐거워진다

소송채나물	74
껍질콩 참깨무침	74
우엉조림	75

우엉 흑초조림	75
크레송 땅콩무침	76
셀러리와 당근 초무침	76
숙주나물	77
오이탕탕이 초간장절임	77
매콤하게 절인 가지튀김	78
닭가슴살과 자차이 무침	78
라바이차이	79
피클	79
대파 마리네	80
허브 넣은 코울슬로	81

늘 하는 요리로 대접하면서

참치 카르파초	84
일본풍 문어 카르파초	85
스파이시 프라이드치킨	86
토란과 순무 크림스튜	88
비프스튜	90
버섯솥밥	91
바냐 카우다 소스 양배추파스타	92
팬파에야	94
타이카레	96
전자레인지 오곡영양밥	98
데리야키치킨 마제스시	100
마음대로 토핑 소면	102
팽이버섯조림	103
닭가슴살 마늘간장구이	103
오크라 오징어 낫토	103
도미밥	104
죽순참깨국	105
캘리포니아롤	106

특별한 준비 없이 만드는 간식

진하고 부드러운 푸딩	110
폭신폭신 팬케이크	111
실패하지 않는 치즈케이크	112
사과 디저트피자	113
스파이스 시폰케이크	114
초콜릿 브라우니	116
러시안쿠키	117

이 책을 마치면서	118

소스

영귤 폰즈소스 만드는 방법	40
타르타르소스 만드는 방법	49
향미간장 만드는 방법	85
멘쓰유 만드는 방법	103
참깨소스 만드는 방법	103

칼럼

내가 정말 좋아하는 하얀 앞치마	43
우리집 생강시럽	57
작은 소품으로 빛나는 테이블 세팅	89
바냐 카우다 소스를 드레싱으로	92
집 안 곳곳에 크고 작은 꽃을 장식한다	99
나의 첫 시폰케이크	115

이 책을 보는 방법

- 이 책에서 사용하는 계량컵은 1컵=200㎖, 계량스푼은 1큰술=15㎖, 1작은술=5㎖이다. 1㎖=1cc이다.
- 재료에 있는 **E**는 칼로리, **T**는 조리시간이다. 칼로리는 특별한 경우가 아니면 보통 1인분의 기준이다.
- 이 책에서 사용하는 「육수」는 특별한 언급이 없을 경우, 가다랑어육수 또는 다시마+가다랑어로 만든 육수이다.
- 조리도구는 제품의 사용설명서 등을 잘 읽고 바르게 사용한다.
- 전자레인지는 금속 및 금속 부분이 있는 용기, 비내열 유리용기, 칠기, 나무·대나무·종이 재질, 내열온도 140℃ 미만의 수지제 용기 등을 사용하면 고장이나 사고의 원인이 될 수 있으니 주의한다.
- 본문에 표시된 전자레인지의 조리시간은 600W일 경우이다. 700W의 경우는 약 20%를 줄이고, 500W의 경우는 약 20%를 늘린다.

※ 이 책은 「NHK 오늘의 요리」 원고를 바탕으로 재편집한 것이다. 방송용 원고는 아니다.

모두가 선택한
인기 레시피 베스트 10

「오늘의 요리」에서 지금까지 소개한
구리하라의 레시피 중에서,
가장 인기 많았던 10가지를 골랐다.

BEST 1 돼지고기 연근 조림

이 레시피가 여러분들에게 1위로 뽑혔다는 이야기를 듣고 나 자신도 놀랐다.
돼지고기와 연근의 조합도, 양념도 아주 평범하지만,
적은 재료로 손쉽게 만들 수 있는 점이 좋았던 것 같아 기쁘다.
만드는 방법도 정말 간단하다. 먼저, 연근은 껍질을 벗겨 은행잎모양으로 두껍게 썰어
씹는 맛을 살린다. 돼지고기는 매우 얇게 썬 샤브샤브용을 준비한다.
사소한 것 같지만, 사실 이 얇은 두께가 매우 중요하다. 돼지고기와 연근을 볶다가
달콤짭짤하게 조리면 감칠맛이 생겨 맛있어진다. 만들자마자 먹어도 물론 맛있지만,
식어도 맛있기 때문에 아이들의 도시락에도 자주 넣었었다.
나는 계절에 따라 죽순이나 우엉을 대신 사용하기도 한다.
이 요리처럼 친근한 재료를 사용해 간단하고 맛있는 요리를 계속 만들고 싶다.

재료 4인분
E 230kcal T 15분
돼지고기(여깨등심/샤브샤브용) 200g
연근 450g
A | 간장 3.5큰술
  | 설탕 2큰술
  | 맛술 1큰술
식용유

1 연근은 껍질을 벗겨 두께 3cm의 은행잎모양 또는 반달모양으로 썰어 물에 담갔다가 물기를 잘 제거한다. 돼지고기는 먹기 좋은 크기로 자른다.
2 프라이팬에 식용유 1/2큰술을 둘러 달구고, 돼지고기를 뭉치지 않게 풀어가며 볶은 후 꺼낸다. 식용유 1/2큰술을 넣고 연근을 볶는다. 연근이 익어 투명해지면 볶은 돼지고기를 넣고, A를 더해 국물이 줄어들 때까지 조린다.

참깨소스를 뿌린 차가운 가지

이 요리의 장점은 가지의 밑손질이라고 생각한다.
튀기거나 볶는 것이 아니라 「전자레인지찜」이라는 점이 의외일지도 모른다.
이렇게 하면 맛이 깔끔해지고, 씹는 맛이 조금 남을 정도의 딱 좋은 식감이 된다.
차게 해서 참깨소스를 뿌리면, 1인분으로 가지 1개는 부족할 정도.
고명을 좋아하는 나는, 양하와 푸른차조기를 놀랄 만큼 듬뿍 올린다.

재료 4인분
E 110kcal　T 15분*
가지 4개(350g)
참깨소스
　참깨페이스트 2큰술
　설탕 2~2.5큰술
　간장 2큰술
　청주 1큰술
　식초 1큰술
　빻은 참깨 2~3큰술
양하 2개
푸른차조기 적당량

* 냉장고에서 식히는 시간은 제외한다.

1　가지는 꼭지를 잘라내고 세로로 길게 반을 자른 후, 3분 정도 물에 담갔다가 물기를 제거한다. 키친타월을 깐 내열접시에 나란히 올리고 랩을 씌워 전자레인지(600W)에 4~5분 가열한다. 그대로 두어 살짝 뜸을 들인 후, 길이를 반으로 자르고 다시 세로로 가늘게 자른다. 키친타월로 감싸 물기를 가볍게 짠 후 냉장고에서 식힌다.
2　양하는 잘게 썰고, 푸른차조기는 채썬다. 참깨페이스트에 설탕, 간장, 청주, 식초, 빻은 참깨를 차례로 섞어 참깨소스를 만든다.
3　접시에 가지를 담고 참깨소스를 적당히 뿌린 후, 양하와 푸른차조기를 올린다.

문어와 토마토 샐러드

이 요리는 어느 날 때마침
냉장고에 피망과 파슬리가
많이 있어서 만들게 된,
우연히 탄생한 레시피이다.
파슬리가 너무 많지 않을까 걱정했지만,
향이 좋아서 의외로 큰 호평을 받았다.
재료를 손질한 후 먹기 직전까지
냉장고에 넣어 차게 하면
맛이 더욱 좋다.

재료 4인분
E 170kcal   T 15분*

- 데친 문어다리 200g
- 프루트토마토(고당도) 3개(250g)
- 양파 1/4개
- 피망 2개
- 파슬리(줄기 제거) 25g
- A | 올리브오일 3큰술
  | 화이트와인식초 2큰술
  | 발사믹식초 2큰술
  | 연간장 1작은술
  | 레몬즙 1큰술
- 소금·후추

* 냉장고에 차게 두는 시간은 제외한다.

1 문어는 1.5~2㎝, 토마토는 2㎝ 크기로 깍둑썬다. 양파, 피망, 파슬리는 잘게 다진다. 각각 냉장고에 넣어 차게 식힌다.
2 볼에 A를 넣어 골고루 섞은 후, 양파를 넣고 섞는다.
3 먹기 직전 **2**에 문어, 토마토, 피망, 파슬리를 넣고 소금·후추로 알맞게 간을 한다.

BEST 4

대파소스를
얹은
닭튀김

이미 오래전부터 30년 이상 계속 만들어 온, 나의 소중한 요리이다.
닭고기를 잘 안 드시는 아버지를 위해 만들어본 것이 시작이었다.
듬뿍 넣은 대파와 간장의 맛을 좋아하셨는지도 모른다.
아버지 덕분에, 그 이후로 요리를 더 맛있게 만들고 싶다는 생각이 강해졌다.
지금은 닭고기를 두 번 튀기면 바삭해진다는 것도 알아
더욱 맛있게 만들 수 있게 되었다.

재료 4인분
E 400kcal T 30분
닭다릿살* 2장
대파소스
　　대파　1줄기
　　홍고추(씨 빼고 잘게 썰기) 1~2개 분량
A ｜간장　1/2컵
　　청주　1큰술
　　식초　2큰술
　　설탕　1.5큰술
청주 · 간장 · 녹말가루 · 튀김기름 · 식용유

* 닭고기는 냉장고에서 꺼내 실온에 둔다.

1　대파는 굵게 다진다.
2　닭고기는 포크 등으로 껍질 위를 여러 군데 찌른 후 반으로 자른다. 청주와 간장을 1/2큰술씩 넣고 버무려 밑간을 한다.
3　닭고기에 녹말가루를 넉넉히 묻힌다. 튀김옷이 두꺼우면 식감이 좋아지고, 대파소스도 잘 스며든다.
4　180℃로 달군 튀김기름에 3을 약 2~3분 튀긴다. 건져서 기름기를 빼고 약 4분간 그대로 두어 남은 열로 익힌다.
5　튀김기름을 200℃로 가열하고 4를 약 1~2분 튀긴다. 중간에 여러 번 꺼내서 공기와 닿게 한다(사진 a). 튀긴 후 기름기를 뺀다.
6　닭고기를 튀기는 동안 대파소스를 만든다. 볼에 A를 섞는다. 작은 냄비에 식용유 1/2~1큰술을 둘러 달구고 다진 대파와 홍고추를 넣어 살짝 볶은 후, A를 넣어(사진 b) 살짝 끓으면 바로 불을 끈다. 대파를 너무 익히지 말고 식감을 적당히 살린다.
7　닭고기를 먹기 좋은 크기로 썰어 접시에 담고 6을 끼얹는다.

모둠버섯 마리네

요리연구가가 막 되었을 때쯤
생각했던 레시피로,
잊고 있었는데 여러분에게 선택되어
뜻하지 않게 오랜만에 만들어보았다.
역시나 너무 맛있어서,
제대로 기억하고 있다는 것이
정말 기뻤다.

재료 4인분

E 160kcal T 15분

새송이버섯·생표고버섯·양송이버섯 150g씩
다진 마늘 1쪽 분량

콩소메대파드레싱

   다진 대파 1줄기 분량(80g)
   식초 5큰술
   간장 2큰술
   설탕·맛술 1/2큰술씩
   A │ 과립 수프스톡(서양풍) 1/2작은술
      │ 뜨거운 물 1큰술
   소금·검은 통후추(굵게 간 것) 조금씩

레몬(동그랗게 썰기) 적당량
올리브오일·검은 통후추(굵게 간 것)

1 콩소메대파드레싱을 만든다. A를 섞어 수프스톡을 녹인다. 볼에 대파 외의 재료를 넣어 섞은 다음, 대파를 넣고 골고루 섞는다.

2 새송이버섯은 세로로 3~4등분한다. 생표고버섯은 밑뿌리를 떼어내고 반으로 어슷하게 썰고, 양송이버섯은 밑뿌리를 떼어내고 세로로 반 자른다.

3 프라이팬에 올리브오일 4큰술을 둘러 달군 후, 마늘을 볶는다. 향이 나면 2의 버섯을 볶는다.

4 전체에 기름이 고루 돌면 1의 콩소메대파드레싱을 넣고 불을 끈 후 섞는다. 접시에 담아 검은 후추를 적당히 뿌리고 레몬을 곁들인다.

돼지고기 생강구이

생강구이는 남편이 좋아해서 결혼 후 여러 번 만들어왔다.
계속 만들면서 고기 두께, 양념에 재우는 시간, 생강 자르는 방법 등을
바꿔 보았더니 맛이 더 좋아진다는 것을 깨달았다.
그 덕분에 여러분도 좋아해주는 레시피가 되었다고 스스로도 자부심을 느낀다.
우리집에서는 언제나 채썬 양배추를 오싹할 만큼 차게 해서 곁들인다.

재료 4인분

E 260kcal T 20분

돼지어깨등심(얇게 썬 것)* 300g

양념

A | 간 생강 1큰술
　| 간장 4큰술
　| 맛술 3큰술

양배추 적당량
식용유

*2~3mm 두께로 썬 것을, 냉장고에서 꺼내 실온에 둔다.

1 양배추는 채썰어 얼음물에 담갔다가 물기를 잘 뺀 뒤, 냉장고에 넣어 차게 한다.
2 생강은 천천히 조심해서 간다. 세게 갈면 거친 섬유질이 들어가서 눌어붙기 쉽다.
3 트레이에 A를 넣고, 생강을 섞어 양념을 만든다. 돼지고기를 1장씩 넓게 펴서 넣고 2~3분 재운다. 2~3회 나누어서 굽기 때문에 필요한 만큼만 트레이에 넣어 재운다.
4 프라이팬에 식용유 1~2큰술을 둘러 센불에 달구고, 양념을 살짝 훑어낸 돼지고기를 겹치지 않게 1장씩 올린다.
5 30초~1분 굽고, 구운 색이 나면 뒤집어서 30초 굽는다. 고기가 질겨지지 않게 짧게 굽는다. 프라이팬을 씻은 후 나머지도 같은 방법으로 굽는다. 접시에 담고 양배추채를 곁들인다.

결혼하고 나서 처음으로 남편에게 칭찬받은 요리로,
지금까지 몇 번이나 만들었는지 모를 정도다.
겉은 바삭하게, 속은 부드럽게 구운 면에 따끈따끈 걸쭉한 소스를 끼얹으면
친구들도 맛있다고 좋아한다.
사실 이 요리는 만드는 순서가 중요하다.
면을 잘 풀어주고, 소스 양념을 섞어서 불에 올리고,
면을 굽는 동안에 끼얹을 소스를 마무리한다.
만드는 것이 능숙해지면 맛도 좋아져서 레스토랑의 맛에 뒤지지 않는다.

돼지고기와 소송채 앙가케 야키소바

재료 3~4인분

E 500kcal　T 35분 *1

중화면(생면/야키소바용) 3사리
돼지고기(자투리고기) 150g
소송채 1단(약 350g)
데친 죽순(소) 1개(80g)
건표고버섯(불린 것) 4장
다진 생강(소) 1쪽 분량
다진 마늘 1쪽 분량
대파(푸른 부분) 5~6cm

A │ 수프스톡 *2　2컵
　│ 간장　2큰술
　│ 굴소스　2큰술
　│ 사오싱주(또는 청주)　2큰술

물녹말
　│ 녹말가루　2큰술
　│ 물　2큰술

연겨자　적당량
식용유 · 소금 · 검은 통후추(굵게 간 것) · 참기름 · 식초

*1 건표고버섯을 불리는 시간은 제외한다.
*2 과립 치킨스톡(중화풍) 2작은술을 뜨거운 물 2컵에 녹인 것.

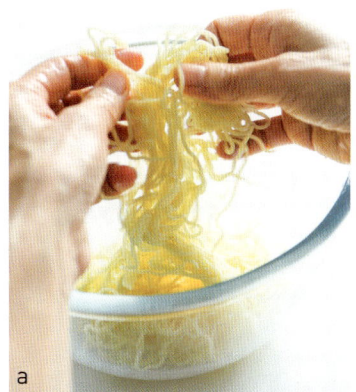

1　대파는 세로로 길게 2~3등분한다. 소송채는 5~6cm 길이로 자르고, 잎과 줄기를 분리한다. 죽순은 채썬다. 표고버섯은 물기를 가볍게 짜고 기둥을 잘라낸 후 얇게 썬다. 돼지고기가 크면 먹기 좋은 크기로 자른다.

2　물녹말 재료를 섞어둔다.

3　중화면은 손으로 한 가닥씩 푼다(사진 a). 면을 정성껏 풀어주면 겉은 바삭하고, 속은 부드러운 식감이 된다.

4　프라이팬에 식용유 1큰술을 둘러 중불에서 달군 후, 약한 중불로 줄여 3을 넣어 고정시킨 채 그대로 굽는다. 노릇노릇해지면 가볍게 풀어주면서 위아래를 뒤집고, 식용유 1큰술을 넣는다. 가끔씩 젓가락으로 풀어주면서 군데군데 구운 색이 나도록 15~20분 굽는다. 불의 세기는 구운 정도를 보면서 약불~중불로 조절한다.

5　면을 굽는 동안에 소스를 만든다. 냄비에 A를 섞고 불에 올려 살짝 끓인다.

6　다른 깊은 프라이팬에 식용유 2큰술을 넣어 중불에서 달군 후 생강, 마늘, 대파를 넣고 향이 날 때까지 볶는다. 돼지고기를 넣고, 소금 · 검은 후추를 조금씩 뿌린다.

7　죽순, 표고버섯, 소송채 줄기, 소송채 잎을 차례로 넣어 재빨리 볶는다. 5를 넣어 끓어오르면 2의 물녹말을 넣어 걸쭉하게 만든 후(사진 b), 마무리로 참기름을 알맞게 넣어 풍미를 낸다.

8　4의 면을 풀어 접시에 소복하게 담고 7을 끼얹는다. 연겨자를 곁들이고, 기호에 맞게 식초를 적당히 뿌린다.

닭고기 햄

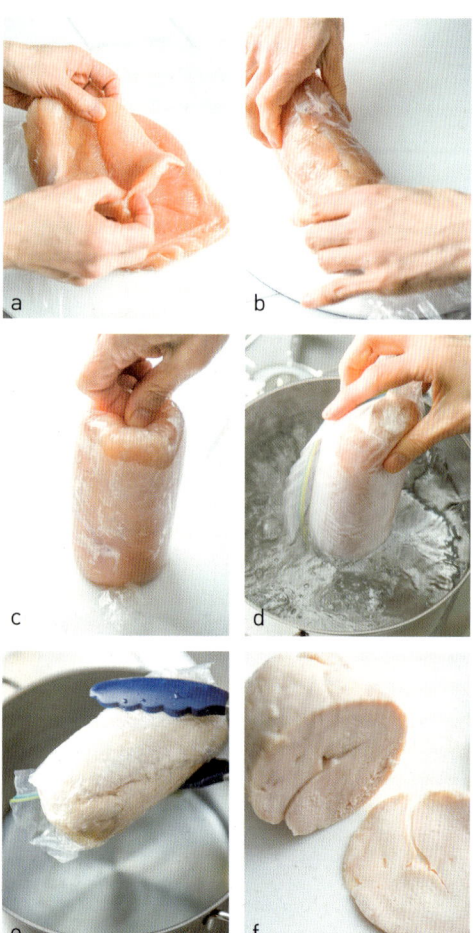

재 료 만들기 쉬운 분량
E 650kcal(전량) *1   T 3시간 15분 *2
닭가슴살(신선한 것) 2장(600g)
단촛물드레싱 어린잎샐러드(아래 참고) 적당량
설탕·소금

*1 샐러드는 제외한다.
*2 냉장고에 넣어두는 시간은 제외한다.
※ 랩과 지퍼백은 내열온도 100℃ 이상의 것을 사용한다.

1   닭고기는 껍질과 지방을 잘라낸다. 두꺼운 부분에 몇 군데 어슷하게 칼집을 내고 펼쳐서 두께 2㎝ 정도로 고르게 만든다. 설탕 2작은술을 문질러 바른 후, 소금 1/2큰술도 문질러 바른다.
2   지퍼백에 1을 넣고 냉장고에서 3시간 이상 재운다.
3   2를 꺼내 키친타월로 눌러서 물기를 제거하고 실온에 둔다(닭고기가 차가우면 5에서 닭고기가 따듯해지기 어렵다). 펼쳐 놓은 랩 위에 닭고기 2장을 살짝 겹치게 놓고(사진 a), 지름 7~8㎝의 막대모양으로 동그랗게 만다. 랩을 단단히 감아 모양을 잡는다(사진 b). 공기가 들어가지 않게 양쪽 끝을 단단히 비틀어 실로 묶는다.
4   3을 세워 위에서 가볍게 눌러 모양을 다듬는다(사진 c). 랩으로 다시 한 번 확실하게 감싼다. 지퍼백에 넣고 공기를 빼서 입구를 꼭 닫는다.
5   바닥이 깊고 두꺼우며, 보온성이 높은 냄비에 물을 넉넉하게(4.5ℓ 이상) 붓고 보글보글 끓인 후 4를 넣는다(사진 d). 뚜껑을 덮고 불을 꺼 그대로 3시간 정도 둔다. 물이 적으면 닭고기가 충분히 따듯해지지 않는다(닭고기 중심부의 온도를 63℃ 이상으로 30분 이상 유지시킨다). 냄비에 넣을 때 지퍼백이 냄비 벽에 닿지 않게 주의한다.
6   냄비에서 꺼내고(사진 e), 랩을 벗겨 좋아하는 두께로 썬다. 잘랐을 때 속까지 익었는지 확인한다(사진 f). 붉은 기가 남아 있다면 상태를 보면서 전자레인지(600W) 등으로 익힌다. 어린잎샐러드 위에 올린다.

단촛물드레싱 어린잎샐러드

만들기 쉬운 분량
E 250kcal(전량)   T 5분
볼에 단촛물(시판) 1큰술을 넣고, 올리브오일 2큰술을 조금씩 넣어가며 거품기로 유화될 때까지 섞는다. 소금·후추를 조금씩 넣고, 씻어서 물기를 제거한 어린잎채소 2봉지(100g)를 가볍게 섞어 접시에 담는다.

가족들에게 직접 만든 맛있는 햄을 먹이고 싶어서 만들기 시작했는데,
여러 번 만들고 나서야 비로소 완성하게 되었다.
촉촉한 식감과 닭가슴살의 감칠맛이 가득해 단맛도 느껴진다.
그냥 슬라이스해서 먹어도 되고, 감자샐러드에 넣어도 좋다.
만들자마자 먹는 게 맛있으니 되도록 빨리 드세요.

간단 차슈

차슈를 만들려면 손이 좀 많이 갈 거라고 생각하지만,
여기서 소개하는 차슈는
작은 프라이팬에 간단히 만들 수 있으니 꼭 만들어보자.
우리집은 남편의 볶음밥이나 라멘에 차슈가 빠지지 않기 때문에
주말에 몰아서 만들어 놓는다.

재료 만들기 쉬운 분량
E 830kcal(전량)[*1] T 45분[*2]
돼지어깨등심(덩어리)[*3] 300g
생강·마늘 1쪽씩
양념
> 간장·설탕 1큰술씩
> 굴소스 1/2큰술
> 사오싱주(또는 청주) 1작은술
> 시나몬스틱(취향대로)[*4] 1/2개
> 팔각(취향대로)[*5] 1/2개

영귤(반으로 자르기) 취향대로
연겨자 취향대로
라바이차이(p.79 참조) 취향대로
소금·식용유

[*1] 곁들이는 재료는 제외한다.
[*2] 소금에 절이는 시간, 한김 식히는 시간은 제외한다.
[*3] 냉장고에서 꺼내 실온에 둔다. 고기가 납작할 경우는 실로 감아 두툼하게 만드는 것도 좋다.
[*4] 달콤한 향의 향신료로 제과에서 많이 사용한다. 고기요리와도 궁합이 좋다.
[*5] 「스타아니스」라고도 부르며, 특유의 단 향이 있다. 중국요리에서 향을 낼 때 많이 사용한다.

1 돼지고기는 전체에 소금 1/2작은술을 문질러서 약 10분 둔 후, 빠져 나온 물기를 키친타월로 잘 닦는다. 생강과 마늘은 껍질을 벗기고 칼로 두들겨 으깬다.

2 작은 볼에 양념을 섞고, 취향에 따라 시나몬 스틱과 팔각을 넣는다.

3 작고 깊은 프라이팬(또는 냄비)에 식용유를 조금 둘러 달군 후 생강, 마늘, 돼지고기를 넣는다. 중불에 약 3분 굽고 뒤집어서 약 2분 더 굽는다. 고기가 두툼하므로 옆면도 구운 색이 제대로 나도록 굽는다(사진 a). 전체에 구운 색이 잘 나면 약불에서 뚜껑을 덮고 중간에 2~3번 뒤집어가면서 8~10분 굽는다. 80% 정도만 익혀서 꺼내고, 생강과 마늘도 건진다.

4 프라이팬에 남은 기름을 키친타월로 닦아내고, 뜨거울 때 **2**를 넣어 중불로 끓인다. 한소끔 끓으면 **3**의 고기를 넣고 중간중간 돌려가면서 3~5분 전체에 양념이 잘 배도록 조린다(사진 b).

5 한김 식으면 먹기 좋은 크기로 썰어 접시에 담고, 프라이팬에 남은 양념을 데워 뿌린다. 영귤, 연겨자, 라바이차이를 취향에 따라 곁들인다.

BEST 10 셀러리 츠쿠네

나는 셀러리를 아주 좋아하고
언제나 냉장고에 있어서 일본요리에도 셀러리를 사용하고 싶어졌다.
그 이후로는 츠쿠네* 등을 만들 때 셀러리를 듬뿍 넣는다.
한입 먹으면 큼직하게 잘라 넣은 셀러리 맛에 모두들 놀란다.
셀러리의 향은 간장하고도 잘 어울리고, 가열해도 씹히는 맛이 좋기 때문에
일본요리에 더 많이 사용해보려고 한다.

* 갈아 으깨거나 두드린 고기에 갖은 양념을 반죽하여 경단모양이나 막대모양으로 빚어 꼬치에 꿰어 굽는다.

재료 12개 분량
E 90kcal(1개) T 30분

다짐육 300g
셀러리 1줄기(손질 후 100g)
양파 1/4개
A | 밀가루 1큰술
  | 청주 1/2큰술
  | 소금 1/4작은술
  | 후추 조금

단짠 양념
| 간장 1/4컵
| 맛술 1/4컵
| 설탕 2큰술

영귤(웨지모양 썰기) 적당량
시치미·산초가루
  각각 취향대로 적당량
식용유

1 달콤짭조름한 양념을 만든다. 작은 냄비에 단짠 양념 재료를 모두 넣고 중불로 가열한다. 끓으면 약불로 줄여 약 5분 조금 걸쭉해질 때까지 졸이고 불을 끈다.
2 셀러리는 섬유질을 제거하고 6~8mm 크기로 깍둑썬다. 양파도 6~8mm 크기로 깍둑썬다. 먹을 때 셀러리와 양파의 식감이 잘 살도록 약간 큼직하게 깍둑썬다.
3 볼에 다짐육을 넣고, A를 더해 2~3분 잘 치댄다. 끈기가 생기면 셀러리와 양파를 넣고 다시 잘 섞는다.
4 12등분하여 높이 3cm 정도로 둥글납작하게 빚는다.
5 프라이팬에 식용유를 조금 둘러 달군 후, 4의 양면과 옆면을 센불에서 1~2분 굽는다. 약불로 줄여 3~5분 더 구워 속까지 익힌다.
6 꼬치에 2~3개씩 꽂아 접시에 담고, 1의 단짠 양념을 끼얹은 후 영귤을 곁들인다. 취향에 따라 시치미와 산초가루를 뿌린다.

달콤짭조름한 양념 대신 소금과 고추냉이를 곁들이거나, 무즙과 폰즈 소스를 곁들이는 등 다양하게 즐기면 좋다.

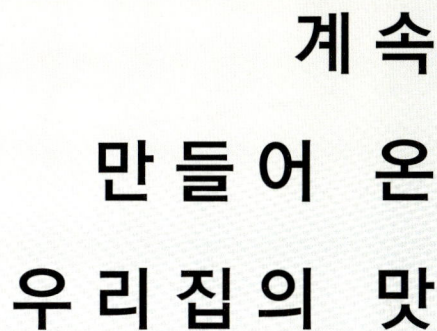

계속
만들어 온
우리집의 맛

결혼한 지 45년이 되었다. 처음에는 남편에게 배우면서 둘이 함께 즐겁게 요리를 만들었다. 아이가 태어나면서 요리가 더 즐거워졌고, 모두가 좋아하는 맛이 몇 가지나 생겼다. 그 중에는 예를 들어 당근과 참치 샐러드, 은대구와 셀러리 조림, 연어 난반즈케 등 셀 수 없을 정도로 많다.

요리 하나하나에는 나의 추억이 스며들어 있다. 어느 날 냉장고에 당근이 많이 남아 있어서 만든 요리도 있고, 셀러리를 좋아하는 친구를 위해 생선조림에 셀러리를 넣어보기도 했다. 뭔가 맛있는 레시피가 없을까 해서 계속 반복해 만든 덕분에 탄생한 것들이다. 남편이 좋아해주었으면 하는, 아이들이 기운 없을 때 좋아해주는 것들만 만들고 싶다. 가족들이 기쁘다면 나 또한 기쁘다. 그런 생각으로 계속 만들어 온 하나하나가 내 요리의 시작이다.

당근과 참치 샐러드

어느 날, 당근이 많이 남아 있었던 것이 이 음식을 만들게 된 계기이다.
아주 곱게 다진 마늘과 양파, 와인식초, 레몬즙, 씨겨자로 맛을 낸다.
그 당시에는, 멋진 조합이라고 신이 나서 만들곤 했다.

재료 4인분
E 80kcal　T 15분
당근(대) 1개(손질 후 250g)
참치(통조림/소) 1/2캔(약 30g)
다진 양파(곱게) 2큰술
다진 마늘(아주 곱게) 1작은술
A　화이트와인식초 1큰술
　　레몬즙 1큰술
　　씨겨자 1큰술
식용유* · 소금 · 후추

* 올리브오일도 좋다.

1　당근은 껍질을 벗기고 5~6cm 길이로 채썰어 내열볼에 담는다. 참치는 국물을 따라 버린다.
2　1의 내열볼에 양파와 마늘을 넣고, 식용유 1큰술을 넣어 가볍게 섞는다.
3　2에 랩을 씌워 전자레인지(600W)에 1분 10초~1분 20초 가열한다. 부드러운 것이 좋다면 10초 더 가열한다.
4　랩을 벗기고 곱게 푼 참치, A를 차례로 넣어 (아래 사진) 골고루 무친다. 소금 · 후추를 조금씩 넣어 간을 하고 다시 버무린다.

씨겨자를 좋아한다면 많이 넣어도 좋다.

새콤달콤 오이샐러드

오이초무침을 자주 만들지만
어떻게 만들어도 그 모습은 소박하다.
보는 것만으로도 즐거운 요리를 만들고 싶어서
아삭아삭한 오이에 참치와 생강을 듬뿍 올려
케이크처럼 만들어봤다.
늘 하는 요리라도 그릇에 어떻게 담느냐에 따라
모양도 맛도 달라져 새롭게 느껴진다.

재료 4인분
E 50kcal T 15분
오이 4개(400g)
참치(통조림/논오일/소) 1캔(55g)
생강 30g
단촛물
    식초 1/2컵
    설탕 2큰술
    소금 1/2작은술
    영귤즙 1큰술
소금

1 오이는 양쪽 끝을 잘라내고 세로로 길게 반 자른 후, 스푼으로 씨를 도려낸다. 3mm 두께로 어슷썰어 볼에 담고, 소금 1작은술을 넣어 버무린 후 5~10분 그대로 둔다.
2 참치는 국물을 완전히 따라 버리고, 살을 잘 풀어 놓는다. 생강은 가늘게 채썬다.
3 볼에 단촛물 재료를 섞고, 설탕과 소금이 녹을 때까지 섞는다.
4 1을 면보로 감싸 물기를 꼭 짠다(아래 사진).
5 4를 접시에 동그랗게 담고, 참치와 생강을 순서대로 올린다. 3의 단촛물을 가장자리에 둘러 붓는다. 샐러드도 단촛물도 냉장고에 넣어 차게 하면 더욱 맛있다. 오이 대신 무나 당근으로 만들어도 좋다.

오이의 씨를 제거하고 물기를 꼭 짜는 것이 맛을 좌우한다.

타이풍 당면샐러드

우리집은, 남편이 태국음식을 좋아할 뿐만 아니라
나 역시 고수와 남플라를 아주 좋아해서
평소에 동남아요리를 자주 만든다.
식초와 라임으로 신맛을 살린 이 샐러드는
내가 언제나 먹고 싶어하는 요리다.
새우도 당면도 정성껏 손질하면 맛이 더욱 좋아진다.

재료 4인분
E 180kcal T 20분
새우(냉동/머리 제거/껍질째/소) 12마리(150g)
당면*(건조) 100g
적양파 1/4개(50g)
오이 1개
고수줄기 1줄기 분량
생강(얇게 썰기) 3~4장
A | 식초 5큰술
　| 남플라 1큰술
　| 설탕 2큰술
　| 라임즙 3~4큰술
고수잎·라임 적당량씩
소금·후추·참기름

* 녹두실당면을 사용한다.

1　적양파는 얇게 채썬다. 오이는 세로로 길게 반을 잘라 스푼으로 씨를 도려내고 어슷썬다.
2　새우는 흐르는 물에 씻어 해동하고, 껍질째 이쑤시개로 등쪽의 내장을 제거한다. 냄비에 새우가 잠길 정도로 물을 붓고 끓인 후 고수줄기, 생강, 새우를 넣고 바로 불을 끈다. 뚜껑을 덮고 10분 정도 그대로 두어 뜸을 들인 후, 새우가 익으면 체에 건져 껍질과 꼬리를 떼고 물기를 뺀다.
3　당면은 가닥가닥 풀어서 끓는 물에 2~3분 삶는다. 체에 건져 물기를 빼고 볼에 담은 후, 랩을 씌워 1~2분 뜸을 들인다(아래 사진). 랩을 벗겨 볼째로 얼음물 위에 올려 젓가락으로 휘저으면서 당면을 식힌다. 먹기 좋은 길이로 자른다.
4　작은 볼에 A를 넣고 골고루 섞는다.
5　볼에 당면, 새우, 적양파, 오이를 넣고, **4**를 더해 잘 섞는다. 소금·후추를 조금씩 넣어 간을 한 후, 참기름 1~2큰술을 넣어 무친다. 접시에 담은 후 고수잎을 큼직큼직하게 잘라 넣고, 라즙임을 짜서 뿌린다.

당면을 너무 많이 삶지 않고, 뜸을 들이면서 알맞게 익힌다.

연근전병

나는 채소 중에서도 특히 연근을 좋아해서
다양한 요리에 사용한다.
얌차〔飮茶〕*로 친숙한 무전병을
좋아하는 연근으로 만들어보니,
고소한 향과 쫄깃한 식감이 떡 같아서 맛있다.
참깨맛과 파맛, 두 가지 맛을 즐겨보자.

* 아침과 점심 사이에 차와 딤섬을 먹는 광둥의 식문화.

재료 참깨맛, 파맛 각 3개씩 분량
E 180kcal(참깨맛/1개 분량)
E 160kcal(파맛/1개 분량)
T 25분*

참깨맛
> 연근 1마디(손질 후 100g)
> 백옥분(찰전분) 100g
> 목이버섯(건조) 3g
> 참깨 적당량

파맛
> 연근 1마디(손질 후 100g)
> 백옥분(찰전분) 100g
> 실파 30g

두반장·라유 적당량씩
소금·식용유·참기름·식초·간장

* 목이버섯을 불리는 시간은 제외한다.

1 목이버섯은 물에 불려 물기를 꼭 짠 후, 단단한 부분은 잘라내고 잘게 다진다. 연근은 씻어서 껍질을 벗기고 강판에 간다. 실파는 잘게 썬다.

2 볼에 참깨맛 재료 중 백옥분을 넣고, 간 연근을 스푼으로 섞는다.

3 너무 되직하면 물을 조금 넣고, 목이버섯과 소금을 조금 섞어 손으로 뭉칠 수 있을 정도로 농도를 맞춘다. 파맛 재료도 같은 방법으로 만드는데, 목이버섯 대신 실파를 넣어 섞는다.

4 각각의 반죽을 3등분하여 동그랗고 평평하게 빚는다. 참깨맛은 한쪽 면에 참깨를 묻힌다(아래 사진).

5 프라이팬에 식용유를 조금 둘러 달구고, 4를 올려 약불에서 8~10분 고소하게 구운 색이 날 때까지 굽는다. 참깨맛은 참깨가 붙어 있는 면부터 굽고, 뒤집어서 5~10분 더 굽는다. 마지막에 기호에 따라 참기름을 조금 두르면 겉이 바삭해진다. 접시에 담고 두반장을 곁들인다. 라유·식초·간장을 적당량씩 섞어 찍어 먹는다.

접시에 참깨를 담고, 참깨맛 전병의 한쪽 면만 가볍게 눌러 묻힌다.

감자 그라탱

이 요리는 가족 모두가 너무나 좋아한다.
바쁠 때 화이트소스를 만드는 일이 조금 힘들지만,
이 그라탱은 소스를 만들지 않아도 괜찮아 마음이 편하다.
중요한 것은, 동그랗게 썬 감자를 전자레인지에 충분히 익혀
부드럽게 만드는 것.
아이들이 어렸을 때 자주 만들어주었던 추억의 요리다.

오븐에서 꺼내 따끈따끈할 때
식탁에 바로 올린다.

재료 4인분

E 360kcal　T 35분

감자 3개(400g)

대파 1~2줄기(120g)

안초비(필레) 2~3장(8g)

생크림 1컵

치즈* 100g

소금·검은 통후추(굵게 간 것)

*여기서는 강판에 간 그뤼에르치즈와 파르메산치즈를 합쳐 100g을 사용하는데, 피자용 치즈 등으로 만들어도 좋다. 피자용 치즈를 사용할 경우에는 굵게 다진다.

밑준비

• 오븐은 200℃로 예열한다. 오븐레인지의 경우에는 감자를 전자레인지에 돌린 후 200℃로 예열한다.

1　감자는 껍질을 벗겨 6~7㎜ 두께로 동그랗게 썬다. 1~2분 물에 담갔다가 물기를 뺀다.

2　내열용기에 키친타월을 깔고 **1**을 넓게 편다(감자가 조금 겹쳐도 좋다). 랩을 살짝 덮어 전자레인지(600W)에 약 6분 가열한다. 충분히 부드러워졌는지 확인하고 키친타월을 제거한다(사진 a).

3　감자를 전자레인지에 돌리는 동안, 대파를 5~6㎝ 길이로 자른 후 다시 세로로 가늘게 3~4등분한다(사진 b). 안초비는 굵게 다진다(또는 손으로 자른다).

4　생크림에 소금 1/3작은술과 검은 후추를 조금 넣고 잘 섞는다.

5　**3**의 대파와 안초비를 **2**의 감자 사이에 넣고 **4**를 끼얹는다(사진 c).

6　재료가 보이지 않을 정도로 치즈를 듬뿍 올리고(사진 d), 오븐용 종이를 깐 베이킹팬에 올린다. 200℃로 예열한 오븐에 약 20분 굽는다.

무와 돼지고기 간장조림

내 영국인 친구는 무를 너무나 좋아해서
우리집에 놀러오면 꼭 이 요리를 만들어 달라고 한다.
무는 어떤 재료와도 잘 어울리므로 만들 수 있는 메뉴가 아주 많다.
삼겹살 외에 닭다릿살이나 우삼겹으로도 맛있게 할 수 있다.

양식스타일 접시에 담으면 멋진 메인요리가 된다. 데친 브로콜리와 영귤을 곁들인다.

재료 4인분

E 630kcal T 2시간 50분

무(4㎝ 두께로 둥글게 썰기) 8조각(1.1kg)
삼겹살(덩어리) 600g

A │ 돼지고기 삶은 국물 4컵
  │ 육수팩* 1팩
  │ 청주 1/4컵
  │ 설탕 4큰술
  │ 맛술 4큰술
  │ 간장 4큰술

연겨자 적당량
간장

* 가다랑어포 10g을 육수용 주머니에 넣은 것.

1 냄비에 돼지고기가 잠길 정도로 물을 부어 끓이다가 돼지고기를 넣고 2분 정도 삶아 체에 건져 놓는다. 이 과정을 한 번 더 반복한다.
2 1의 냄비를 닦고 물 8컵을 부어 끓인다. 돼지고기를 다시 넣고, 뚜껑을 덮어 50분~1시간, 약불~중불로 부드럽게 익을 때까지 삶는다.
3 돼지고기를 삶는 동안에, 무는 껍질을 벗겨 다른 냄비에 넣는다. 무가 잠길 정도로 쌀뜨물(분량 외)이나 물을 부어 불에 올린다. 끓으면 살짝 끓을 정도로 불을 조절하여 20~30분간 삶는다. 꼬치가 쑥 들어갈 정도로 부드럽게 익힌다. 쌀뜨물에 삶은 경우는 물에 재빨리 헹군다.
4 2의 돼지고기를 꺼내 4등분한다. 삶은 국물을 4컵 남겨둔다. 부족하면 물을 넣어 채운다.
5 삶은 국물의 기름기가 신경쓰이면 기름기를 제거하고, 육수팩, A의 나머지 재료와 함께 큰 냄비에 넣고 끓인다. 돼지고기와 무를 넣고 다시 끓으면 오븐용 종이를 뚜껑처럼 내용물에 닿게 덮고 보글보글 끓을 정도로 불을 조절하여 1시간~1시간 30분 조린다(중간에 위아래를 뒤섞는다). 맛을 보고 간장으로 맛을 조절한다. 연겨자를 곁들여 먹는다.

버섯전골

버섯을 듬뿍 넣은 간단한 전골이지만.
너무 맛있어서 내가 자랑하는 요리다.
버섯을 곱게 채썰어서 식감도 좋고 보기에도 좋다.
남은 국물에 불린 당면을 넣어
국물이 자작할 때까지 조리면
놀랄 만큼 맛있다.

재료 4인분
E 250kcal T 25분

생표고버섯 1팩(150g)
잎새버섯 1팩(100g)
백만송이버섯 1팩(100g)
팽이버섯 1봉지(100g)
데친 죽순(소) 2개(150g)
연두부 1모(350g)
삼겹살(샤브샤브용) 100g
A | 수프스톡*¹ 8컵
  | 사오싱주(또는 청주) 3큰술
  | 간장 3~4큰술
  | 연간장 2큰술
  | 굴소스 2큰술
  | 참기름 1큰술
좋아하는 감귤류(영귤, 유자 등) 취향대로
화자오(가볍게 갈기)*² · 시치미 · 라유 각각 취향대로
소금 · 식초

*¹ 페이스트 상태의 스톡(중화풍) 1큰술을 뜨거운 물 8컵에 녹인다.
*² 중국 쓰촨지방 향신료로 사천후추라고도 한다. 자극적인 매운 맛이다.

1 표고버섯은 기둥을 잘라내고 채썬다. 잎새버섯은 밑동을 잘라내고 4cm 길이로 손으로 찢는다. 백만송이버섯은 밑동을 잘라내고 세로로 2~4가닥 손으로 찢는다. 팽이버섯도 밑동을 잘라내고 4cm 길이로 썰어 나누어 놓는다(아래 사진).
2 죽순은 4~5cm 길이로 채썬다. 연두부는 물기를 빼고 4cm 길이의 막대모양으로 썬다. 돼지고기는 1cm 너비로 썬다.
3 냄비에 A의 수프스톡을 넣고 끓이다가, 데워지면 나머지 A를 넣는다. 맛을 본 후 소금을 조금 넣어 간을 하고, 끓으면 돼지고기를 풀어서 넣는다. 거품이 생기면 걷어낸다.
4 버섯류, 죽순, 연두부를 넣고 끓인다.
5 익으면 접시에 담고, 기호에 따라 웨지모양으로 썬 영귤이나 유자를 곁들여 기호에 따라 짜 넣는다. 화자오, 시치미, 라유, 식초도 알맞게 곁들인다.

버섯의 크기를 모두 비슷하게 손질하면 식감이 좋아진다.

참깨두부무침

참깨두부무침은 엄마가 자주 만들어주시던 요리 중 하나.
물기 뺀 두부를 엄마가 절구에 넣고 으깰 때,
절구를 움직이지 않게 누르는 일이 어릴 적 나의 역할이었다.
으깬 두부에 금방 빻은 참깨를 넣는 것은
엄마가 가르쳐주신 비법.
참깨두부 양념만 잘 만들수 있다면
계절 채소나 과일을 맛있게 먹을 수 있다.

재료 4인분

E 180kcal   T 35분*

연두부 1모(350g)
참깨 50g
건표고버섯(불린 것) 3장
당근 1/2개(100g)
곤약 1봉지(150g)
청대완두(스노피) 50g

A | 육수 3큰술
  | 설탕 1큰술
  | 맛술 1큰술
  | 간장 1큰술

B | 설탕 1.5~2큰술
  | 연간장 1/2~1작은술
  | 미소된장 1/2~1작은술

소금

*두부의 물기를 제거하는 시간, 건표고버섯을 불리는 시간,
재료를 식히는 시간은 제외한다.

1 두부는 깨끗한 면보나 키친타월로 싸서 도마 등을 얹고 누름돌(2ℓ 생수병 등)을 올린다. 1~2시간 두어 물기를 충분히 빼서 두부 무게가 약 70%(여기에서는 약 250g)가 되게 한다.

2 건표고버섯은 기둥을 잘라내고 얇게 썬다. 당근은 길이 3cm, 두께 3mm로 썬다. 곤약은 끓는 물에 살짝 데쳐 먹기 좋은 길이로 자른 후, 키친타월로 물기를 완전히 제거한다.

3 냄비에 A를 넣어 끓이다가 곤약과 건표고버섯을 넣고 4~5분 끓인다. 당근을 넣고 3~4분 끓인 후, 불을 끄고 식힌다.

4 청대완두는 섬유질을 제거해 데친 후 찬물에 헹군다. 체에 건져 물기를 빼고 어슷하게 채썬다.

5 참깨는 약불로 살짝 볶은 후, 알갱이가 없게 절구에 곱게 빻는다. 1을 잘라 넣고 부드러워질 때까지 으깬다.

6 B를 넣고 주걱으로 섞는다. 3과 4를 넣고 가볍게 섞은 후(아래 사진), 소금으로 알맞게 간을 한다.

재료는 주로 당근, 건표고버섯, 곤약 등을 사용한다. 전에 아보카도로 참깨두부무침을 만들었더니 엄마가 깜짝 놀라셨다.

떡 넣은 차완무시

나는 일년 내내 계절을 가리지 않고 차완무시를 먹고 싶다.
내 취향은 육수를 듬뿍 넣어 만든
찰랑찰랑 약간 굳은 정도의 부드러운 차완무시.
여기에 부드럽게 데친 백합뿌리를 넣는 것은
겨울에만 즐기는 즐거움이지만, 계절에 상관없이 떡은 꼭 넣는다.
랩을 씌워 찌기 때문에 차완무시용 뚜껑 있는 찜기가 없어도 된다.

재료 4인분
E 190kcal　T 25분
사각찹쌀떡(키리모찌) 2개
백합뿌리 1/2개(손질 후 50g)
달걀물
　달걀 4개
　육수 3컵
　맛술 3큰술
　소금 1작은술
걸쭉한 소스
　육수 1/2컵
　A │ 연간장 1작은술
　　│ 맛술 1큰술
　　│ 소금 조금
　녹말가루·물 1작은술씩
유자껍질 적당량

1　떡은 1개를 6등분한다. 백합뿌리는 1장씩 떼어 깨끗이 씻고, 부드러워질 때까지 데쳐서 체에 건진다.
2　달걀물을 만든다. 육수에 맛술과 소금을 넣고 녹이는데, 만약 뜨거우면 한김 식힌다. 달걀을 넣고 거품이 생기지 않게 육수를 조심스럽게 넣으면서 섞은 후 고운 체에 내린다.
3　내열그릇 4개에 떡과 백합뿌리를 같은 양으로 나눠 넣고, 2의 달걀물을 같은 양으로 붓는다. 스푼의 볼록한 뒷면으로 표면의 거품을 조심스럽게 없애고, 그릇마다 랩을 살짝 덮는다.
4　증기가 오른 찜통에 넣고 약한 중불에서 10~15분 찐다.
5　4를 찌는 동안에 걸쭉한 소스를 만든다. 작은 냄비에 육수를 데우고 A로 간을 한 후, 끓으면 녹말가루를 물에 풀어 넣어 걸쭉하게 만든다. 완성된 4에 소스를 붓는다. 유자껍질을 얇게 어슷썰어 곁들인다.

표면이 찰랑찰랑하게 굳으면 다 쪄진 것이다. 육수가 차거나, 그릇이 두꺼우면 찌는 시간이 오래 걸릴 수 있다. 상태를 보고 너무 많이 쪄지지 않게 주의한다.

마파두부

나는 마파두부를 너무 좋아해서
만드는 방법과 맛을 여러 가지로 실험해왔다.
그 중에서도 다진 고기 대신
자른 소고기를 다지듯이 두들겨서 만드는
이 레시피는, 감칠맛이 풍부하고
제대로 된 맛이 난다.
따끈따끈한 마파두부와 볶은 숙주나물을
함께 먹으면 최고의 맛이다.

재료 4인분

E 350kcal   T 20분

연두부 2모(700g)
다진 대파 1/2줄기 분량(50g)
다진 마늘·다진 생강 각 1쪽 분량
소고기(자투리고기) 200g
A │ 간장·사오싱주(또는 청주) 1작은술씩
  │ 설탕·참기름·소금·후추 조금씩
B │ 수프스톡*¹ 1.5컵
  │ 간장 3큰술
  │ 설탕 1작은술
두반장 1~2큰술
사오싱주(또는 청주) 1큰술
화자오(p.31 참조) 적당량*²
고수 취향대로
녹말가루·소금·식용유·참기름

*¹ 과립 치킨스톡(중화풍) 2작은술을 뜨거운 물 1.5컵에 녹인다.
*² 양은 취향에 따라 조절한다.

1 화자오는 절구에 넣어 으깬다.
2 녹말가루 1~1.5큰술을 같은 양의 물에 녹인다.
3 소고기는 굵게 썰어 다진다(사진a). 볼에 담고 A를 넣어 버무린 후(사진b), 2~3분 그대로 둔다.
4 두부는 1.5cm 크기로 깍둑썬다(사진c). 소금을 조금 넣은 끓는 물에 1~2분 데쳐(사진d) 체에 건진다. 두부를 미리 데치면 여분의 수분이 빠져나와 맛이 연해지지 않고, 모양도 으스러지지 않는다.
5 작은 냄비에 B를 넣고 데운다.
6 깊은 프라이팬에 식용유 2큰술을 둘러 센불로 달군 후 대파, 마늘, 생강을 볶아 향이 나면 3을 넣고 볶는다. 고기가 익으면 두반장을 넣어 볶다가 사오싱주를 넣어 섞는다. 5를 넣고, 끓으면 두부를 넣어 가볍게 섞는다(사진e).
7 다시 끓어오르면, 2를 다시 한번 섞어서 넣고 약간 걸쭉하게 만든다(사진f). 불을 끄고 참기름을 알맞게 두른 후, 1을 넣고 가볍게 섞는다. 그릇에 담고 취향에 따라 고수를 곁들인다.

만두
2종류

우리집에서는 양념과 고명을 식탁 가득 차려 놓고 취향에 따라 자유롭게 먹는다. 손자 손녀도 내 취향을 물려받은 것 같아 너무나 기쁘다. 많은 레시피 중에서도 내가 자신 있는 메뉴이다. 특히 여기서 소개하는 두 종류의 만두를 정말 좋아한다.

돼지고기와 채소 만두

재료 24개 분량
E 45kcal(1개 분량)　T 40분*¹
돼지고기 다짐육(지방 많은 부분) 150g
양배추 2~3장(손질 후 150g)
배추 2~3장(손질 후 150g)
부추 50g
다진 마늘 1큰술
수프스톡*² 1큰술
사오싱주(또는 청주) 1큰술
만두피(시판) 24장
고명*³ 적당량
양념*⁴ 적당량
소금 · 참기름 · 후추 · 밀가루 · 식용유

*¹ 채소를 소금에 절이는 시간,
만두소에 맛이 배게 두는 시간은 제외한다.
*² 페이스트 상태의 스톡(중화풍) 1작은술을
뜨거운 물 1큰술에 녹인 후 식힌다.
*³ 채썬 생강, 듬성듬성 자른 고수 등을
취향에 따라 사용한다.
*⁴ 식초, 흑초, 라유, 두반장, 간장 등을
취향에 따라 사용한다.

1　양배추와 배추는 각각 3~4mm 크기로 네모나게 썬다.
2　볼에 **1**을 담고 소금 1/2큰술을 넣어 버무린 후, 약 10분 그대로 둔다. 부드러워지면 면보 등으로 감싸 물기를 꼭 짠다.
3　부추는 잘게 다진다.
4　작은 프라이팬에 참기름 1/2큰술을 둘러 달구고, 마늘을 넣어 타지 않게 볶는다. 향이 나고 색이 조금 나면 불을 끄고 한김 식힌다.
5　볼에 다짐육을 넣고, 수프스톡과 사오싱주를 넣어 잘 섞는다. **4**의 마늘을 기름과 같이 넣고 골고루 섞은 후, **2**와 **3**을 넣고 섞는다. 소금 · 후추를 조금씩 넣어 간을 맞추고, 30분 그대로 두어 맛이 배게 한다.
6　물 1/2컵에 밀가루 1작은술을 넣고 잘 섞어 밀가루물을 만든다.
7　만두피에 **5**를 약 1큰술 올리고, 가장자리에 물을 묻혀 주름을 잡으면서 붙인다. 24개를 만든다.
8　작은 프라이팬에 식용유를 조금 둘러 중불로 달구고, 만두 12개를 동그랗게 올린다. 살짝 구워지면 가장자리 쪽으로 **6**의 1/2을 둘러 붓고, 뚜껑을 덮어 약한 중불로 3분 30초~4분 찌듯이 굽는다.
9　수분이 없어지면 뚜껑을 열고 참기름을 알맞게 두른다. 중불에서 표면이 바삭해질 때까지 구운 후, 프라이팬에 접시를 덮은 채로 뒤집어서 담는다. 나머지 만두도 같은 방법으로 굽는다. 취향에 따라 고명과 양념을 함께 먹는다.

무와 가리비 만두

재료 25개 분량
E 40kcal(1개 분량)　T 40분
무 1/4개(400g)
가리비관자 10개(200g)
미나리 30g(손질 후)
A│생강즙 1작은술
　│사오싱주(또는 청주) 1작은술
　│참기름 1작은술
　│과립 치킨스톡(중화풍) 2작은술
만두피(시판/대) 25장
고명*¹ 적당량
양념*² 적당량
녹말가루 · 소금 · 후추 · 식용유 · 참기름

*¹ 채썬 생강, 듬성듬성 자른 고수 등을
취향에 따라 사용한다.
*² 식초, 흑초, 라유, 두반장, 간장 등을
취향에 따라 사용한다.

1　무는 5~6cm 길이로 채썰어 뜨거운 물에 3~4분 데쳐 찬물에 헹군다. 체에 건져서 면보 등으로 감싸 물기를 꼭 짠다. 미나리는 다진다.
2　**A**를 골고루 섞는다.
3　가리비관자는 다져서 볼에 담고, **2**를 넣어 골고루 섞는다. 물기를 한 번 더 짠 무와 미나리를 넣고 다시 잘 섞는다. 녹말가루 1큰술을 넣어 섞고, 소금 · 후추를 조금씩 넣어 간을 맞춘다.
4　만두피에 **3**을 1큰술이 조금 안 되게 올리고, 가장자리에 물을 발라 가운데에 주름을 잡으면서 둥글게 오므려 빚는다.
5　오므린 부분을 비틀어 단단히 붙이고, 이음매를 평평하게 눌러 두께를 고르게 한다. 25개를 만든다.
6　프라이팬에 식용유를 조금 둘러 달구고, 만두 12개를 이음매가 아래로 가게 올려서 굽는다. 구운 색이 나면 물 1/4컵을 넣고 뚜껑을 덮어 약한 중불에 5~6분 굽는다. 뚜껑을 열어 수분이 증발하면 만두를 뒤집은 후 참기름을 알맞게 둘러 바삭하게 굽는다. 나머지 만두도 같은 방법으로 굽는다.
7　접시에 담고, 취향에 따라 고명과 양념을 함께 먹는다.

간단 석쇠구이빵

이스트를 사용하지 않고 만드는 이 빵을 알아두면 마음이 편하다.
크게 만들거나 모양을 바꿔서 구울 수도 있기 때문에
깜빡 잊고 빵을 사지 않아도, 다 먹었을 때에도 걱정이 없다.

오븐이 아닌 석쇠를 사용하여 불에 직접 굽기 때문에 향긋한 향이 감돈다.

재료 만들기 쉬운 분량/8~10개 분량
E 1010kcal(전량)   T 30분
A | 박력분 100g
　　강력분 100g
　　베이킹파우더 2작은술
우유 1/2컵
플레인요거트(무가당) 2큰술
설탕·소금·식용유

1 A를 합쳐 체에 쳐서 볼에 담고, 설탕 2큰술과 소금을 조금 넣어 가볍게 섞는다.
2 우유, 요거트, 식용유 1큰술을 넣어 다시 잘 섞은 후 손으로 반죽한다. 표면에 약간 거친 부분이 남아 있는 정도가 적당하다.
3 한 덩어리로 뭉쳐지면 랩을 씌우고, 10분 정도 두어 반죽을 휴지시킨다.
4 작업대에 덧가루(강력분/분량 외)를 뿌리고 밀대로 두께 1cm, 지름 20cm 정도가 되게 민다. 스크레이퍼나 식칼로 원하는 크기로 자른다.
5 석쇠를 달궈 4를 올려 굽는다. 구운 색이 나면 뒤집어(위 사진) 속까지 익힌다. 생선구이그릴에 구워도 좋다.

칠리콘 카네

칠리콘 카네*는
언제 먹어도 좋다고 남편은 말한다.
토마토와 양파, 양상추 등을 토핑해서 먹으면
채소를 듬뿍 먹을 수 있다.
향신료를 다양하게 조합하면 맛에 깊이가 생기므로
조금씩이라도 사용해보자.

*Chilicon Cane. 칠리에 다양한 재료를 넣어 끓인 멕시코풍 매운 스튜.

재료 4인분
E 440kcal T 30분

- 강낭콩(통조림/홀타입) 1캔(약 400g)
- 양파 1개(200g)
- 마늘 1쪽
- 베이컨(얇은 것) 2장
- 다짐육 300g
- 레드와인 1/4컵
- 토마토(통조림/껍질제거 홀타입) 1캔(400g)
- A
  - 가람마살라* 1작은술
  - 강황 1작은술
  - 커민씨 2작은술
  - 시나몬파우더 1작은술
  - 카옌페퍼 조금
  - 칠리페퍼 조금

토핑
- 토마토(1cm 깍둑썰기) 적당량
- 적양파(1cm 네모나게 썰기) 적당량
- 양상추(2~3cm 네모나게 듬성듬성 썰기) 적당량
- 고수·바질·민트 등 생허브 적당량씩

- 라임(웨지모양 썰기) 취향대로
- 파르메산치즈 취향대로
- 올리브오일·토마토케첩·소금·후추

*인도요리에 많이 사용하는 매운 향신료 믹스.

여기서 사용하는 향신료. 왼쪽 위부터 시계방향으로 칠리페퍼, 시나몬파우더, 커민씨, 카옌페퍼, 가람마살라, 강황.

1 강낭콩은 통조림에서 꺼내어 국물을 뺀다. 양파는 7~8mm 크기로 네모나게 썬다. 마늘과 베이컨은 다진다.
2 냄비에 올리브오일 1큰술을 둘러 달구고 마늘을 볶는다. 향이 나면 베이컨, 다짐육을 순서대로 넣어 볶는다. 고기의 색이 변하면 양파를 넣어 좀 더 볶는다.
3 레드와인을 넣고 끓이다가 토마토를 국물과 함께 넣고 거칠게 으깬다. 1의 강낭콩을 넣는다.
4 가끔씩 저으면서 중불에서 10~15분 끓인다. 토마토케첩 3~4큰술과 A를 넣고, 소금·후추를 조금씩 넣어 간을 한다.
5 칠리콘 카네에 좋아하는 토핑을 얹고, 취향에 따라 라임즙을 뿌리거나 파르메산치즈를 갈아서 얹어 먹는다.

함박스테이크

몇 년 전, 오븐에 넣을 수 있는 무쇠프라이팬을 아들이 선물로 주었다.
그날 이후 함박스테이크도 이 프라이팬에 노릇하게 구운 후
다시 오븐에 구워 식탁에 올린다.
통통하게 구워 따끈따끈하게 먹을 수 있다.

오븐에 넣을 수 있는 프라이팬이 없을 때에는, 일반 프라이팬으로 4와 같이 구운 후, 오븐용 종이호일을 깐 베이킹팬에 올려 같은 방법으로 굽는다.

재료 4인분
E 600kcal   T 35분*

햄버거
　소고기 다짐육(굵게 다진 것) 400g
　돼지고기 다짐육(굵게 다진 것) 200g
　양파 1개(200g)
　생빵가루 1/2컵
　우유 3큰술
　달걀 1개
가니시(오른쪽 참고) 적당량씩
영귤 폰즈소스(오른쪽 참고) 적당량
무즙 적당량
시치미 적당량
소금·검은 통후추(굵게 간 것)·식용유

* 영귤 폰즈소스에 다시마를 담가두는 시간, 가니시를 만드는 시간은 제외한다.

밑준비
• 오븐은 230℃로 예열한다.
1　양파는 5~6mm 크기로 깍둑썬다.
2　빵가루는 작은 볼에 우유와 함께 넣어 촉촉하게 적신다.
3　볼에 다짐육, 2, 달걀, 소금 1작은술, 검은 후추 조금을 넣어 골고루 섞은 후, 1을 넣고 다시 잘 섞는다. 4등분하여 공기를 빼면서 1개씩 타원형으로 빚는다.
4　오븐에 넣을 수 있는 프라이팬에 식용유 1/2~1큰술을 둘러 중불로 달군 후, 3을 올려 표면에 구운 색이 날 때까지 약 2분씩 양면을 굽는다.
5　4의 프라이팬을 230℃의 오븐에 넣고 8~10분 구워(시간은 2개씩 구울 때 기준) 속까지 익힌다(맨위 사진). 프라이팬에 가니시를 담고, 간무를 넣고 시치미를 뿌린 영귤 폰즈소스를 곁들인다.

영귤 폰즈소스 만드는 방법
볼에 간장 5큰술, 맛술(끓여서 알코올을 날린 것) 1큰술, 영귤즙 2큰술, 식초 1큰술을 섞은 후, 살짝 씻어 물기를 제거한 다시마(5cm×5cm 크기) 1장을 넣어 냉장고에 1시간~하룻밤 넣어둔다. 다시마를 건진다.

가니시 만드는 방법
만들기 쉬운 분량
당근수프조림
당근 2개(350g)는 껍질을 벗겨 3cm 두께로 동그랗게 썬다. 냄비에 당근과 수프스톡 2컵(과립스톡〈서양풍〉 1작은술을 뜨거운 물 2컵에 녹인 것)을 넣고 센불에 올린다. 끓으면 약불로 줄여 8~10분 당근이 부드러워질 때까지 끓인다. 맛을 보고 소금으로 간을 한 후, 불을 끄고 커민씨 1~2작은술을 뿌린다.

옥수수크림조림
냄비에 버터 20g을 녹이고, 콘(냉동/홀타입) 1봉지(250g)를 넣어 중불에 볶는다. 밀가루 1큰술을 뿌려 다시 볶는다. 우유 1/2컵을 넣고 걸쭉해질 때까지 섞은 후, 소금·검은 후추를 조금씩 넣어 간을 한다.

데친 브로콜리
브로콜리 1개를 10cm 길이로 작게 나누고, 소금을 조금 넣은 끓는 물에 살짝 데친다. 체에 건져 물기를 뺀다.

치킨 레몬버터 소테

주말에 남편과 단둘이 와인을 즐길 때 이 치킨소테를 자주 만든다.
담백한 닭가슴살에 레몬의 새콤함과 버터 풍미를 더하기만 해도
레스토랑에서 먹는 맛이 난다.
조금 번거롭더라도 하나씩 굽는 것이 더 맛있다.

재료 2인분
E 680kcal　T 35분
닭가슴살* 2장(500g)
레몬즙 2큰술
가니시(아래 참고) 적당량씩
레몬(웨지모양 썰기) 2조각
소금·검은 통후추(굵게 간 것)·밀가루·식용유·버터

* 냉장고에서 꺼내 실온에 둔다.

1　닭고기는 1장당 소금 1/2작은술, 후추 조금을 양면에 뿌리고, 껍질 쪽에 차거름망으로 밀가루를 얇게 뿌린다.
2　프라이팬에 식용유 1/2큰술을 둘러 달구고, **1**의 껍질을 아래쪽으로 올린다. 뚜껑을 덮고 약불로 3~5분 굽는다. 마지막 1분 동안은 불을 약간 세게 한다. 닭고기는 되도록 1장씩 굽는 것이 고르게 구울 수 있어서 더 맛있다.
3　껍질에 구운 색이 나면 뒤집고, 뚜껑을 덮어 다시 3~5분 구워 80% 정도 익힌다.
4　불을 끄고, 프라이팬에 있는 여분의 기름이 신경쓰이면 키친타월로 닦는다. 버터 10g과 레몬즙 1큰술을 넣고 약불에 보글보글 끓으면서 살짝 걸쭉해질 때까지 가열한다. 다른 1장도 같은 방법으로 굽는다. 닭고기를 접시에 담고 프라이팬에 남은 소스를 뿌린 후, 가니시와 레몬을 곁들인다. 취향에 따라 빵을 함께 낸다.

가니시 만드는 방법
만들기 쉬운 분량
감자 소테
감자 2개(300g)는 껍질을 벗겨 1cm 두께로 동그랗게 썬 후, 부드러워질 때까지 삶아 물기를 제거한다. 프라이팬에 올리브오일을 조금 둘러 달구고, 감자를 올려 약불에 뭉근하게 굽는다. 양면에 구운 색이 나고 표면이 바삭해지면 소금, 후추를 조금 뿌린다.
양배추 소테
양배추 200g은 2cm 너비로 듬성듬성 썬다. 프라이팬에 올리브오일을 조금 둘러 달구고 양배추를 센불에서 볶은 후 소금, 후추를 조금 뿌린다.
데친 브로콜리
브로콜리 1/2개를 p.40과 같은 방법으로 데친다.

※ 가니시로 시금치, 껍질콩, 파프리카 등을 사용해도 좋다.
굽거나 데치거나 볶아 2~3종류를 곁들이면 레스토랑에서 먹는 요리처럼 된다.

내가 정말 좋아하는 하얀 앞치마

보통 작업할 때는 다양한 앞치마를 입지만, 개인적인 일을 할 때는 항상 하얀 앞치마를 사용한다. 내가 흰색을 고집하는 이유는 청결 때문이다. 얼룩이 묻거나 더러워져도 바로 빨면 깨끗해지고, 다리면 기분이 좋아진다. 오래 사용하다 보면 천이 얇아지거나 해어지는데, 버리지 못하고 수선해서 계속 사용한다. 하얀 앞치마는 나를 기운 나게 해주고, 두를 때마다 요리를 맛있게 만들고 싶다는 생각이 들게 한다.

은대구와 셀러리 조림

생선조림에 셀러리를 넣는다면 의외라고 생각할지 모르지만,
런던 친구가 셀러리를 좋아해서 만들게 된 일품요리이다.
그 후부터 셀러리를 이용해 일식을 만들어보고 싶어졌다.
셀러리의 향기와 씹는 맛이 악센트가 되어 생선의 맛이 더욱 돋보인다.
사실은, 이 소스만을 밥에 얹어 먹어도 맛있다.

재료 4인분

E 320kcal　T 20분

은대구(토막)　4조각(400g)
셀러리　2줄기(손질 후 200g)
다진 생강　2큰술
산초열매조림(시판)　2~3큰술

| A | 청주　1/2컵
| | 맛술　5큰술
| | 간장　5큰술
| | 설탕　1큰술

1　은대구는 키친타월로 물기를 잘 닦는다. 셀러리는 5mm 크기로 깍둑썬다.

2　냄비에 A를 넣고 끓이다가 생강과 셀러리를 넣는다(아래 사진). 뚜껑을 덮고 중불에서 2분 끓인다.

3　2에 은대구를 넣는다. 국물과 셀러리를 끼얹으며 끓이다가 종이호일로 뚜껑처럼 표면을 덮는다. 중간중간 국물을 끼얹어가며 약한 중불로 10~12분 조린다. 산초열매조림을 넣고 살짝 끓인 후 불을 끈다. 간이 잘 배었기 때문에 냉장고에 2~3일 저장할 수 있다. 계절에 따라 정어리나 전갱이로 바꾸어 만들어도 좋다.

셀러리를 듬뿍 넣고, 나중에 산초열매조림도 넣었기 때문에 국물에 향이 배어 생선 비린내가 줄어든다.

연어 난반즈케

고기를 좋아하는 남편이 베스트 메뉴 10에
넣을 만큼 좋아하는 것이 생선 난반즈케다.
일주일에 한 번쯤은 연어, 고등어 등 생선을 바꿔가면서 만든다.
언제나 곱게 채썬 채소를 듬뿍 올리고 감귤향을 곁들인다.
며칠 동안 저장할 수도 있고, 도시락 반찬으로도 좋다.

재료 4인분
E 300kcal T 30분*1
생연어(토막) 4조각(400g)
양파 1/2개(100g)
셀러리 1줄기(100g)
당근 1/2개(100g)
생강 1쪽
난반즈(간장촛물)
　육수 1컵
　식초 3/4컵
　설탕 4큰술
　연간장 3큰술
청유자즙*2 1큰술
홍고추(씨 빼고 작게 썰기) 2개 분량
청유자*2(동그랗게 썰기) 1개 분량
소금·후추·밀가루·튀김기름

*1 냉장고에서 맛이 배게 두는 시간은 제외한다.
*2 영귤, 가보스(유자의 일종) 등 좋아하는
감귤류를 사용해도 좋다.

1 양파는 얇게 썰고, 섬유질을 제거한 셀러리와 당근은 5~6㎝ 길이로 채썬다. 생강은 곱게 채썬다. 간장촛물 재료는 트레이에 합쳐 놓는다.
2 연어는 한 토막을 반으로 갈라 소금·후추를 알맞게 뿌린다. 비닐봉투에 밀가루 3큰술과 연어를 넣고 입구를 봉한 다음 흔들어, 연어 전체에 밀가루를 묻힌다.
3 튀김기름을 180℃로 달구고, 연어를 넣어 바삭하게 튀긴다. 기름기를 제거하고, 따뜻할 때 난반즈에 담근다.
4 1의 채소를 섞어 3의 위에 올리고, 유자즙을 뿌린다. 홍고추를 뿌리고 동그랗게 썬 유자를 올린 후(아래 사진), 랩으로 표면을 덮고 가볍게 누른다. 냉장고에 2~3시간 맛이 배게 둔다. 냉장고에 3일 정도 저장할 수 있다.

연어 대신 고등어나 전갱이, 살짝 데친 샤브샤브 고기와도 잘 어울린다. 이 난반즈로 채소만 마리네이드해도 맛이 좋기 때문에 기억해두면 편리하다.

고등어
미소조림

바닷가에서 자란 나에게,
고등어 미소조림은
친근한 생선요리 중 하나다.
어렸을 때는 미소된장의 맛이 너무 강해
그 단맛조차 별로 좋아하지 않았다.
지금은 엄마가 만들어주셨던
미소조림의 맛이 그립고,
맛있어서 자주 해 먹는다.

재료 4인분

E 300kcal*1 T 25분*2

고등어(3장뜨기) 2장(손질 후 400g)
생강 50g
A | 청주 1/2컵
　| 물 1/2컵
　| 미소된장 5~6큰술
　| 맛술 4큰술
　| 설탕 3큰술
　| 간장 1큰술
크레송 적당량
영귤 취향대로
밥(따뜻하게) 적당량
좋아하는 절임반찬 취향대로
갈릭토스트(아래 참고) 적당량

*1 밥과 갈릭토스트는 제외한다.
*2 갈릭토스트를 만드는 시간은 제외한다.

1 고등어는 1장을 4~5등분한다(사진 a). 생강은 껍질을 벗겨 얇게 썬다. 고등어는 먹기 좋은 크기로 썰어서 조려야 맛이 잘 배어든다. 조린 생강도 맛있기 때문에, 채썰지 않고 얇게 썰어서 씹는 맛을 살린다.
2 냄비에 A를 모두 넣고 잘 풀어서(사진 b) 센불로 끓인다.
3 2에 고등어를 겹치지 않게 넣고, 위에 생강을 뿌린다(사진 c).
4 다시 끓으면 조림용 뚜껑을 덮고(사진 d), 약한 중불에 약 15분 조린다. 국물이 설쑥해지면 불을 끈다. 접시에 고등어와 생강을 담고 조림국물을 알맞게 부은 후, 크레송을 곁들인다. 취향에 따라 영귤을 곁들여도 좋다. 다른 접시에 밥(취향에 따라 절임반찬을 곁들인다)과 갈릭토스트를 곁들인다.

갈릭토스트 만드는 방법

1 바게트 적당량을 3cm 두께로 어슷썬다. 마늘을 적당한 양만큼 간다.
2 바게트에 마늘을 바르고, 1조각 위에 올리브오일 1/2큰술을 뿌려 달군 석쇠에 굽는다. 생선구이그릴에 구워도 좋다.

새우가스

새우가 작더라도 맛있는 새우튀김을 만들고 싶어서
이것저것 생각한 끝에 떠오른 것이,
새우 6마리를 동그랗게 놓고 튀긴 새우가스이다.
한 마리씩 튀기는 새우튀김과는 또 다른 식감으로
지금은 우리집 인기메뉴가 되었다.
아무튼 갓 튀긴 음식을 먹었으면 해서 손님에게 내놓을 때에는
각자 접시를 들고 그 자리에서
튀겨낸 새우를 차례로 받아 따끈하게 먹을 수 있게 한다.

재료 4개 분량

E 250kcal(1개 분량)*1　T 25분*2

새우(냉동/머리 제거/껍질째) 24마리

A | 밀가루 6큰술
　| 달걀물 1개 분량
　| 물 1큰술

생빵가루 적당량

양배추(채썰기) 적당량

레몬(웨지모양 썰기) 적당량

타르타르소스(아래 참고) 적당량

돈가스소스 적당량

소금·검은 통후추(굵게 간 것)·튀김기름

*1 새우가스만의 칼로리이다.
*2 새우를 해동하는 시간, 타르타르소스와 가니시를 만드는 시간은 제외한다.

1　새우는 해동하여 껍질, 꼬리, 등쪽 내장을 제거한다.

2　6마리가 1개 분량으로, 평평한 곳에서 동그랗게 만든다(사진 a). 소금·후추를 조금씩 뿌려 밑간을 한다.

3　트레이에 A를 모두 넣고 잘 섞는다. **2**를 뒤집개 위에 올리고, 스푼을 사용해 전체에 A를 바른다(사진 b).

4　**3**에 빵가루를 묻힌다. 모양이 망가졌다면 동그란 모양이 되게 빈틈없이 다듬는다.

5　튀김기름을 180~190℃로 달구고, **4**를 넣어 1분 30초~2분 튀긴다.

6　접시에 담고 양배추와 레몬을 곁들인다. 새우가스에 타르타르소스와 돈가스소스를 뿌린다.

타르타르소스 만드는 방법

만들기 쉬운 분량

E 1470kcal(전량)　T 10분

1　삶은 달걀 2개는 껍질을 벗겨 다진다.

2　볼에 마요네즈 1컵을 넣고 우유 1~2큰술로 풀어준 후 삶은 달걀, 다진 양파 3큰술, 다진 오이피클 3큰술을 넣고 가볍게 섞는다. 취향에 따라 연겨자를 조금 넣고, 소금·검은 통후추(굵게 간 것)를 조금씩 넣어 간을 한다.

베트남 스프링롤

스프링롤은 내용물을 달리하여 다양하게 만들 수 있는데,
나는 이 스프링롤을 가장 좋아한다.
게살과 다진 고기로 만든 소에 고수와 민트 향이 잘 어울린다.
허브를 듬뿍 넣고 당근초절임과 함께 상추에 싸서 먹으면
개운하고 맛있어서 얼마든지 먹을 수 있다.

재료 18개 분량
E 80kcal(1개 분량) T 30분
데친 게살* 200g(손질 후)
당면(건조) 20g
데친 죽순 1/2개(60g)
고수 2~3줄기
민트 1줌(1/3팩)
돼지고기 다짐육 100g
A │ 사오싱주(또는 청주) 1큰술
  │ 소금 조금
  │ 후추 조금
  │ 참기름 2작은술
춘권피(시판) 3장
소스
  │ 스위트칠리소스(시판) 1/2컵
  │ 남플라 1/2큰술
  │ 라임즙 1/2큰술
상추 적당량
라임 적당량
B │ 고수잎 적당량
  │ 민트잎 적당량
  │ 생바질 적당량
당근초절임(아래 참고) 적당량
밀가루 · 튀김기름

* 없으면 통조림도 괜찮다.

1 게살은 연골이 있으면 제거하고 적당히 풀어놓는다. 통조림을 사용할 경우에는 국물을 제거한다. 당면은 끓는 물에 1~2분 삶아 체에 건지고 물기를 뺀다. 볼에 담고 랩을 씌워 1~2분 뜸을 들인 후, 2~3cm 길이로 자른다. 죽순은 2cm 길이로 채썬다. 고수와 민트는 단단한 줄기를 제거하고 다진다.
2 볼에 다짐육을 넣고, A를 순서대로 넣어 잘 섞는다. 게살과 죽순을 넣고 마지막에 당면, 고수, 민트를 넣어 골고루 섞는다.
3 춘권피는 반으로 자르고, 다시 3등분한다. 1장씩 떼어서 마르지 않게 랩으로 감싼다.
4 3에 2의 속재료를 18등분하여 올리고 원통모양으로 만다. 밀가루 소량을 같은 양의 물에 개어 가장자리에 발라 붙인다.
5 소스를 만든다. 스위트칠리소스에 남플라와 라임즙을 섞는다.
6 4를 170℃로 달군 튀김기름에 넣고 바삭하게 속까지 익게 튀긴다. 접시에 담고 상추, 라임, B의 허브류, 당근초절임, 5의 소스를 곁들인다. 상추에 스프링롤을 얹고, 허브나 당근초절임을 원하는 만큼 올려서 싸서 먹는다. 취향에 따라 라임즙을 짜서 뿌리거나, 소스에 찍어 먹는다.

당근초절임 만드는 방법
만들기 쉬운 분량
E 160kcal(전량) T 10분
1 당근 1개(250g)는 껍질을 벗겨 5cm 길이로 채썬다.
2 1을 볼에 담고 단촛물(시판) 3큰술과 남플라 1/2큰술을 넣어 버무린 후 맛이 배게 둔다.

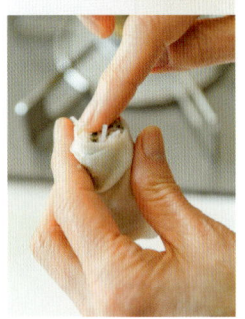

튀기면 속재료가 줄어들므로 듬뿍 넣고, 팽팽하게 당기면서 가늘게 만다. 양끝으로 속이 살짝 삐져나올 정도가 딱 좋다. 삐져나온 부분은 손끝으로 밀어넣어서 정리한다.

닭고기 오야코동

가족식사에도, 혼밥을 할 때도 잘 만들어 먹는,
내가 정말 좋아하는 맛의 돈부리다.
달걀을 2번에 나누어 넣고,
걸쭉한 반숙상태로 만드는 것이 나만의 비법.
불 조절에 신경쓰면서,
이때만큼은 달걀 상태를 가만히 지켜보자.

재료 2인분
E 790kcal T 20분
닭다릿살(소) 1장(200g)
달걀 4개
양파 1/2개(100g)
육수 1/2컵
A | 간장 3큰술
　| 설탕 2큰술
　| 맛술 2큰술
파드득나물(2cm 길이로 듬성듬성 자르기) 적당량
밥(따뜻하게) 적당량
시치미 취향대로

1 양파는 5~6mm 두께로 얇게 썬다. 닭고기는 여분의 지방을 잘라내고 3cm 크기로 깍둑썬다.
2 육수와 A를 합쳐 설탕이 녹을 때까지 저으면서 섞는다.
3 달걀은 다른 용기에 2개씩 나눠 넣고 풀어준다(1인분에 2개를 사용).
4 1인분씩 만든다. 돈부리용 냄비에 **2**의 1/2을 넣고 중불에 끓인다. 닭고기의 1/2을 넣고 끓이다가 살짝 끓으면 양파의 1/2을 넣는다(아래 사진). 끓으면 약한 중불로 줄이고, 뚜껑을 덮어 닭고기가 익을 때까지 1~2분 끓인다.
5 뚜껑을 열고 중불에서 달걀물 2/3를 둘러 넣고 뚜껑을 덮는다. 약 30초간 익혀 달걀이 반숙상태가 되면 냄비 가장자리에 나머지 달걀물을 둘러 끼얹는다. 1분~1분 30초 끓인 후, 파드득나물을 넣고 불을 끈다. 뚜껑을 덮고 취향대로 뜸을 들인다.
6 그릇에 밥을 담고, 냄비 가장자리에서부터 미끄러지듯이 **5**를 담는다(냄비손잡이를 잡고 가볍게 흔들면 깔끔하게 담을 수 있다). 나머지 1인분도 같은 방법으로 만든다. 취향에 따라 시치미를 곁들인다.

닭고기 오야코동을 만들 때 항상 사용하는 냄비는 장인이 만든 것이다. 이것으로 만들면 언제나 맛있게 완성되므로, 언젠가 아이들에게 물려주고 싶다.

꽁치솥밥

제철 재료로 만든 솥밥은, 많은 사람이 모일 때 하는 우리집 단골메뉴이다.
봄에는 죽순, 가을에는 꽁치와 버섯으로 자주 만든다.
이 솥밥은 3장뜨기한 꽁치를 노릇노릇하게 구운 다음 밥을 짓기 때문에,
생선 비린내가 나지 않고 고소한 맛으로 완성된다.
매년 햅쌀이 나오는 시기에 자주 만든다.

재료 4인분
E 420kcal　T 40분
꽁치 1마리
쌀 400㎖(2컵)
우엉 1/2줄기(80g)
당근(소) 1/2개(50g)
백만송이버섯 1팩(100g)
A | 연한간장 1큰술
　| 간장 1/2큰술
　| 맛술·청주 1큰술씩
육수 2컵(조금 적게)
매실절임 1개
소금

1　쌀을 씻어 체에 건져 약 15분 그대로 둔다.
2　우엉은 껍질을 벗겨 연필 깎듯이 돌리면서 자른 후 물에 씻어 물기를 잘 뺀다. 당근도 연필 깎듯이 자른다. 백만송이버섯은 밑동을 잘라 송이를 작게 나누고, 긴 것은 반으로 자른다.
3　꽁치는 머리와 내장을 제거하고 3장뜨기한 후, 길이를 반으로 자른다. 소금을 알맞게 뿌리고 생선구이그릴에 올려 3분간 센불에 굽는다.
4　A를 섞고 육수를 넣어 2컵을 만든다.
5　질냄비(또는 두꺼운 냄비)에 쌀을 넣고 평평하게 고른다. 2, 3, 매실절임을 올린다. 냄비의 가장자리에 4를 붓고 뚜껑을 덮어 센불에 가열한다. 끓으면 약불로 줄여 약 10분 더 끓인다. 마지막 30초~1분은 센불로 끓이고, 불을 끈 후 10분간 뜸을 들인다.
6　매실절임은 씨를 빼고, 꽁치와 매실절임을 헤치면서 밥과 함께 살짝 섞어 먹는다.

치킨 바질 카레라이스

일할 때에도 집에서도 카레를 자주 만드는데,
제대로 세어본 적은 없지만 50가지의 레시피가 있을 정도이다.
향신료로 맛을 낸 수제 카레소스에, 닭고기와 바질을 듬뿍 넣었다.
이 카레는 친한 친구가 가르쳐준 레시피다.
갈색으로 볶은 양파가 감칠맛을 만들어내기 때문에
이것만큼은 정성껏 볶아보자.
카레소스는 시간 여유가 있다면, 하룻밤 재우면 더 맛있다.

재료 4~5인분

E 830kcal   T 1시간 45분*¹

카레소스
  양파 3개(600g)
  토마토 1개(150g)
  간 마늘 40g
  간 생강 50g
  홍고추(씨 빼고 작게 썰기) 1개 분량
  A | 카레가루 4큰술
    | 고수가루 1큰술
    | 강황 1/2큰술
    | 가람마살라(p.39 참조) 1/2큰술
  수프스톡*² 6컵
  월계수잎 2장
  B | 토마토케첩 1.5큰술
    | 우스터소스 1작은술
닭다릿살 2장(500g)
다진 생바질(굵게) 50g(손질 후)
화이트와인 1/4컵
밥(따뜻하게) 적당량
달걀초간장절임(아래 참고) 적당량
후쿠진즈케*³(시판) 적당량
피클(p.79 참조) 취향대로
버터·식용유·밀가루·소금·후추·올리브오일

*¹ 달걀초간장절임과 피클 만드는 시간은 제외한다.
*² 과립스톡(서양풍) 2큰술을 뜨거운 물 6컵에 녹인 것.
*³ 잘게 썬 무, 가지 등을 소금물에 절였다가 건져낸 다음 간장에 담근 것.

달걀초간장절임 만드는 방법
만들기 쉬운 분량
E 80kcal(1개 분량)   T 15분*

간장 2큰술, 식초 1큰술, 설탕 1작은술을 섞어 지퍼백에 넣고, 껍질 벗긴 삶은 달걀 6~8개를 넣는다. 공기를 빼서 입구를 봉하고, 냉장고에 2~3시간 둔다. 하룻밤 두면 맛이 더 잘 밴다.

* 냉장고에 두는 시간은 제외한다.

1　카레소스를 만든다. 양파는 세로로 반을 잘라 얇게 썬다. 토마토는 꼭지를 떼고 끓는 물에 살짝 데친 후, 손으로 으깬다.

2　큰 프라이팬이나 냄비에 버터 50g과 식용유 2큰술을 넣고 달군 후, 버터가 녹으면 마늘과 생강을 넣고 중불에서 향이 날 때까지 볶는다. 타지 않게 주의한다.

3　양파를 넣고 중불에서 수분을 날려가며 10분 정도 볶는다. 홍고추를 넣고 볶다가 약불로 갈색이 될 때까지 30~40분 볶는다.

4　밀가루 2.5큰술을 2~3번에 나누어 넣고(사진a) 볶는다. 전체가 섞이면 A를 2~3번에 나누어 넣는다. 가루가 없어지고 향이 좋아질 때까지 볶는다.

5　수프스톡의 1/2을 조금씩 넣어가며 잘 섞는다. 1의 토마토를 넣고 전체를 잘 섞은 후, 나머지 수프스톡과 월계수잎을 넣는다. 가끔씩 저으면서 약불로 20분 정도 끓이다가 B를 섞는다. 완성된 카레소스(사진b). 지퍼백에 넣어 냉동하면 약 1개월간 저장할 수 있다.

6　닭고기는 한입크기로 잘라 볼에 담는다. 바질의 1/3, 소금 1/3작은술, 후추 조금을 넣고 버무린다.

7　큰 프라이팬이나 냄비에 카레소스(전량)를 데운다.

8　다른 프라이팬에 올리브오일 1큰술을 둘러 센불에 달군 후, 6을 볶는다. 닭고기가 익어서 색이 변하면 화이트와인을 넣고 알코올을 날린 후, 7에 국물째 넣는다(사진c).

9　조금 끓인 후 소금 1/2작은술(듬뿍)을 넣어 간을 한다. 남은 바질을 넣고 섞는다(사진d). 접시에 밥을 담고 카레를 얹는다. 달걀초간장절임이나 후쿠진즈케, 피클 등을 곁들인다.

카파오 라이스

이 요리는 매콤달콤한 닭고기소보로, 숙주, 달걀프라이 등을 준비해 신선한 바질과 민트를 듬뿍 올려서 먹는다. 마지막으로 라임즙을 짜서 뿌리면 최고로 맛있다.

[카파오(Krapow)]는 태국에서 즐기는 바질류의 허브이다.

재료 4인분

E 770kcal T 30분

닭다릿살 2장(500g)
피망(빨강·초록) 2개씩
양파 1/2개(100g)
숙주 1봉지
다진 마늘 1쪽 분량
홍고추(씨 빼고 잘게 썰기)
  1개 분량
생바질 적당량
달걀 4개
밥(태국쌀*/따뜻하게) 적당량
A | 굴소스 2큰술
  | 간장 2큰술
  | 남플라 1.5큰술
  | 설탕 1큰술
민트·고수·라임 취향대로
식용유·소금·검은 통후추(굵게 간 것)

* 구할 수 없으면 일반쌀로 만들어도 좋다.

1 피망은 세로로 반 잘라 꼭지와 씨를 제거한다. 길이를 반으로 자르고 1.5cm 너비로 썬다. 양파는 가로로 반 잘라 피망과 같은 크기로 썬다. 숙주는 씻어서 뿌리를 떼어내고 물기를 뺀다.

2 닭고기소보로를 만든다. 닭고기는 여분의 지방을 잘라내고, 1장은 4~5mm 크기로 깍둑썰고, 다른 1장은 7~8mm 크기로 깍둑썰어 칼로 가볍게 두들긴다. 크기가 다른 닭고기로 식감이 다른 닭고기소보로를 만든다. 다진 고기로 만드는 것보다 씹는 맛이 좋다.

3 A를 섞는다.

4 큰 프라이팬에 식용유 1큰술을 둘러 센불에 달구고, 2를 볶는다. 반쯤 익으면 3, 홍고추, 바질 3~4줄기를 잘라 넣고 중불에서 3분간 끓인다. 국물이 조금 남은 상태에서 불을 끈다.

5 다른 프라이팬에 식용유 1큰술을 둘러 달군 후 마늘을 볶는다. 향이 나면 양파와 피망을 넣는다. 알맞게 익을 때까지 센불에 볶은 후, 소금·검은 후추를 조금씩 뿌리고 꺼낸다.

6 5의 프라이팬에 식용유 1큰술을 넣고 같은 방법으로 숙주를 센불에 볶은 후, 소금·검은 후추를 조금씩 뿌리고 꺼낸다. 숙주는 아삭함이 남도록 센불에 재빨리 볶는다.

7 6의 프라이팬에 식용유 1/2큰술을 둘러 달군 후, 달걀 1개를 넣고 가장자리가 바삭해지도록 한쪽 면만 굽는다. 나머지 달걀도 같은 방법으로 한다.

8 그릇에 밥을 담고 4, 5, 6, 달걀프라이의 순서로 담는다. 기호에 따라 바질·민트·고수를 알맞게 곁들이고 라임즙을 뿌린다.

우리집 생강시럽

나는 얇게 썬 생강을 삼온당과 함께 끓여 생강시럽을 자주 만든다. 간편하게 만들 수 있기 때문에 「수제」, 「저장식」이라는 말에 겁부터 먹는 사람들에게 추천하고 싶다. 더운 계절이면 탄산수를 넣어 진저에일이나 진저아이스티를 만들거나, 추워지면 뜨거운 물에 타서 마시거나 뜨거운 우유에 넣어 먹으면, 일 년 내내 늘 즐길 수 있다. 절인 생강을 홍차에 넣어도 좋다.

만드는 방법 만들기 쉬운 분량

1 생강 100g은 껍질째 잘 씻어 얇게 썬다.
2 냄비에 물 2컵을 끓인 후, 삼온당 200g을 넣어 녹인다. 약불로 10분간 졸이고, 생강을 넣어 다시 5~8분 졸인 후 불을 끈다.
3 체에 키친타월을 깔고 시럽을 내린다. 한김 식으면 깨끗한 병에 옮겨 담고 냉장고에 저장한다.

※ 냉장고에 약 1주일간 보관할 수 있지만, 생강의 향을 즐기기 위해서는 조금씩 만드는 것이 좋다.

세미드라이 토마토 파스타

나는 달달한 토마토를 아주 좋아해서 일 년 내내 냉장고에 토마토가 있다.
그냥 먹기도 하고, 요리에 사용하기도 하지만,
낮은 온도의 오븐에 천천히 구워 반건조 토마토도 자주 만든다.
이것을 파스타에 넣거나 모차렐라치즈와 같이 먹는 등,
즐기는 방법도 아주 다양하다.
직접 만든 세미드라이 토마토가 있으면
즐겁고 새로운 레시피도 생겨난다.

재료 1인분
E 600kcal   T 55분 *1

반건조 토마토 올리브오일 절임 *2
  방울토마토 2팩(400g)
  올리브오일 적당량
스파게티(1.6mm) 80g
세미드라이 토마토를 절인 올리브오일 2~3큰술
푸른차조기(채썰기) 20장 분량
파르메산치즈 적당량
소금·검은 통후추(굵게 간 것)

*1 방울토마토를 한김 식히는 시간은 제외한다.
*2 만들기 쉬운 분량.

1 세미드라이 토마토를 만든다. 방울토마토는 꼭지를 떼고 가로로 반 자른다. 키친타월에 엎어 놓아 단면의 물기를 가볍게 제거한다.
2 베이킹팬에 오븐용 종이를 깔고, 방울토마토의 단면이 위로 오게 나란히 놓는다. 120℃로 예열한 오븐에 40~50분 굽는다(아래 사진).
3 한김 식으면 깨끗한 저장병에 담고, 올리브오일을 토마토가 잠길 정도로 부어 냉장고에 넣는다. 담근 후 바로 먹을 수 있다. 2~3일 안에 먹을 만큼만 조금씩 만드는 것이 좋다.
4 스파게티는 소금을 조금 넣은 끓는 물에 포장지에 표시된 시간만큼 삶아 물기를 뺀다. 볼에 **3**(1인분에 10조각 정도)과 올리브오일을 넣고 삶은 스파게티를 넣어 재빨리 버무린 후, 소금·검은 후추를 조금씩 뿌린다.
5 접시에 담고 푸른차조기를 올린 후, 파르메산치즈를 갈아서 뿌린다.

너무 많이 구우면 잡미가 나므로 반 정도만 익히는 것이 좋다.

미트소스 스파게티

가족 모두가 좋아하는 파스타를 꼽자면
미트소스이다.
다진 고기와 함께 잘게 썬 베이컨을 볶아
깊은 맛을 내고,
허브를 넣어 조리면 향도 맛도 좋아진다.
냉동도 할 수 있어
바쁠 때를 위해 넉넉하게 만들어두자.

바게트에 미트소스와 피자용 치즈를 올려 오븐토스터에 굽는 것도 추천한다.

재료 4인분
E 830kcal　T 45분

스파게티(1.6mm) 320g
다짐육 500g
베이컨(얇게 썰기) 50g
양파 1개(200g)
당근(소) 1/2개(50g)
셀러리 1/2줄기(50g)
갈색양송이버섯 1팩(100g)
다진 마늘 1쪽 분량
레드와인 1/2컵
데미글라스소스(통조림) 1캔(290g)
토마토주스 1컵
허브
　생바질 2~3줄기
　생로즈마리 1~2줄기
　생타임 2~3줄기
　월계수잎 2장
A│우스터소스 1큰술
　│토마토케첩 2큰술
　│소금·검은 통후추(굵게 간 것) 적당량씩
파르메산치즈* 취향대로
올리브오일·소금·검은 통후추(굵게 간 것)

*가루치즈도 좋다.

1　베이컨은 다진다. 양파와 당근은 3~4mm 크기로 작게 깍둑썬다. 셀러리는 섬유질을 제거하고 3~4mm 크기로 작게 깍둑썬다. 양송이버섯은 밑동을 떼어내고 4~5등분으로 얇게 썬다.
2　프라이팬에 올리브오일 2큰술을 둘러 중불에서 달군 후 마늘을 넣어 향이 날 때까지 볶다가 베이컨을 넣고 볶는다.
3　다짐육을 넣고 볶다가 소금·검은 후추를 조금씩 뿌린다. 양파, 당근, 셀러리를 순서대로 넣어 볶고, 양송이버섯을 넣는다.
4　레드와인을 넣어 알코올을 날린 후, 데미글라스소스와 토마토주스를 넣는다. 허브를 그대로 넣고, 가끔 섞으면서 약불에 20~25분 끓인다. A를 넣어 간을 하고 불을 끈다.
5　냄비에 물을 끓이고 소금을 조금 넣어 스파게티를 포장지에 표시된 시간만큼 삶아 물기를 뺀 후, 접시에 담는다. **4**를 얹고 파르메산치즈를 원하는 만큼 갈아서 뿌린다.

정말 좋아하는, 말린 식재료로

어렸을 때부터 엄마가 맛있게 만들어주신 톳, 무말랭이, 콩조림 등을 먹고 자란 탓일까? 나는 말린 식자재로 만든 요리를 먹는 것도, 만드는 것도 좋아한다. 그래서 우리집 주방에는 말린 식품을 다양하게 저장해두고 있다. 선반 안쪽에 넣어두면 깜박 잊어버리기 쉬워 저장병에 넣고 라벨을 붙여 항상 눈에 띄는 곳에 가지런히 진열해 놓았다.

그 중에서도 특히 좋아하는 것이 콩이다. 언제든지 먹을 수 있게 삶아서 한 봉지씩 냉동해둔다. 전날 밤부터 충분히 물에 불리고, 그 물로 씹는 맛이 살짝 있을 정도로 삶는다. 한 알 먹어보고 좋아하는 정도의 식감인지 확인한 후, 그대로 식혀 체에 건진다. 냉동한 콩은 그냥 또는 톳과 함께 조리거나 밥을 짓거나 카레에 넣는 등 다양하게 즐긴다. 아무 약속도 없는 주말 오후, 보글보글 콩을 삶는 시간은 나에게 작은 행복을 주는 순간이다.

콩조림

나는 콩을 아주 좋아해서 냉장고에 콩이 있으면 마음이 놓인다.
이 콩조림은 많이 먹어도 질리지 않게 맛을 깔끔하게 하고,
양념은 기억하기 쉬운 분량으로 하였다.
냉장고에 남아 있는 아쓰아게[*1]나
데친 죽순, 사츠마아게[*2] 등을 더 넣어도 좋다.
나는 언제든지 콩조림을 먹고 싶기 때문에
삶은 콩을 소분하여 냉동실에 저장해둔다.

[*1] 두껍게 썰어서 기름에 튀긴 두부.
[*2] 어육살로 만든 튀긴 어묵의 일종.

양념을 더 넣기 전에 국물맛을 보고, 단맛과 간장의 맛이 균형을 이루도록 분량을 조절한다.

재료 만들기 쉬운 분량
E 930kcal(전량)　T 35분*
삶은 콩　2컵(300g)
건표고버섯　6장
곤약　1장(220g)
연근　1마디(150g)
당근　1개(150g)
육수　2컵
A│설탕·맛술·간장 2큰술씩
설탕·간장

* 건표고버섯을 불리는 시간, 맛이 배는 시간은 제외한다.

1　건표고버섯을 살짝 씻어 물 1/2컵에 담가 불린다. 물기를 가볍게 짜고 기둥을 잘라낸 후 1㎝ 크기로 깍둑썬다. 곤약은 손으로 1㎝ 크기로 잘라 살짝 데친 후, 체에 건져 물기를 뺀다. 연근은 껍질을 벗겨 1.5㎝ 크기로 깍둑썰고, 물에 담갔다 체에 건져 물기를 제거한다. 당근은 껍질을 벗겨 1㎝ 크기로 깍둑썬다.
2　냄비에 육수와 A를 넣고 끓이다가, 연근 이외의 재료를 넣는다. 뚜껑을 덮고 약한 중불에 7~8분 끓인다.
3　맛을 보고(위 사진), 설탕 1~2큰술, 간장 1~2큰술, 연근을 넣고 뚜껑을 덮지 않고 5분간 더 조린다. 국물이 줄어들고 연근이 익으면 냄비를 흔들어 재료를 위아래 뒤집은 후, 불을 끄고 그대로 맛이 배게 둔다.

콩을 넣은 드라이카레

콩은 카레에 넣어도 맛있기 때문에,
냉장고에 남아 있는 채소와 고기를 이용해 드라이카레를 자주 만든다.
다진 고기 대신에 잘게 썬 고기를 적당히 두들겨 사용해도 상관없다.
냉장고나 냉동고에 있는 재료로 만드는 요리도 즐겁다.

재료 4인분

E 610kcal[*1]　T 15분[*2]

삶은 콩 1컵(약 150g)
건표고버섯 (불린 것) 4장
소고기 다짐육 300g
당근 50g
양파 1/2개(100g)
피망 3개
다진 마늘 1쪽 분량
A | 카레루(플레이크 타입) 2큰술
　| 카레가루 1큰술
　| 좋아하는 향신료(있으면 2~3종류)[*3] 조금씩
돈가스소스 1큰술
현미밥·참깨빵(아래 참고)·좋아하는 절임반찬
　각각 취향대로
식용유·소금·후추·토마토케첩

[*1] 참깨빵은 제외한다.
[*2] 건표고버섯을 불리는 시간, 참깨빵 만드는 시간은 제외한다.
[*3] 가람마살라·커민·강황·고수 등의 가루 향신료.

1　건표고버섯은 기둥을 잘라내고 1㎝ 크기로 깍둑썬다. 당근, 양파, 피망은 7~8mm 크기로 깍둑썬다.
2　콩은 체에 건져 물기를 뺀다.
3　프라이팬에 식용유 1큰술을 둘러 달구고 마늘을 볶다가, 향이 나면 다진 소고기를 넣고 구운 색이 나게 볶는다. 소금·후추를 조금씩 뿌린다.
4　3에 1의 피망 외의 채소를 순서대로 넣고 볶다가 A를 넣고 섞은 후, 2의 콩과 피망을 넣고 살짝 볶는다. 토마토케첩 1큰술과 돈가스소스를 넣고 소금·후추를 알맞게 넣어 간을 한다. 접시에 담고, 기호에 따라 현미밥, 참깨빵, 좋아하는 절임반찬을 곁들인다.

참깨빵 만드는 방법

8개 분량

E 130kcal(1개 분량)　T 30분

1　간단 석쇠구이빵(p.38)을 만드는 방법 1~3을 참고하여 반죽을 만든다.
2　1을 약 1㎝ 두께로 밀고, 무스틀 등으로 동그랗게 찍어 모양을 만든다. 한쪽 면에 물을 조금 묻히고 참깨를 적당히 묻힌다.
3　석쇠(또는 생선구이그릴)를 달궈 2를 올려 굽는다. 구운 색이 나면 뒤집어서 속까지 익도록 굽는다.

단호박과 톳 크로켓

시간이 있을 때 톳을 자주 조린다.
톳만 조릴 때는 마지막에 생강을 듬뿍 넣어
그대로 먹거나 밥에 넣어 비비거나 샐러드에 넣어 먹는다.
더군다나 단호박과 함께 크로켓을 만들면 색다른 맛이 된다.
손님이 갑자기 올 때는 서양배모양으로 작게 만들어
화이트와인과 같이 즐기곤 한다.

재료 20개 분량
E 55kcal(1개 분량)   T 20분
톳생강조림(아래 참고) 60g
단호박(소) 1/4개(손질 후 250g)
생크림 2~3큰술
튀김옷
　밀가루·달걀물·빵가루 적당량씩
이탈리안파슬리 등의 줄기 적당량
영귤(웨지모양 썰기) 취향대로
튀김기름

1　단호박은 씨와 속을 제거하고, 초록 부분이 남지 않게 껍질을 벗겨 한입크기로 자른다.
2　내열볼에 키친타월을 깔고 **1**을 나란히 올린 후 랩을 살짝 덮는다. 전자레인지(600W)에 3분 30초~4분 부드러워질 때까지 가열한다.
3　**2**를 꺼내 랩과 키친타월을 제거하고, 뜨거울 때 부드럽게 으깬다. 생크림을 넣고 섞은 후, 톳생강조림을 넣어 다시 섞는다.
4　**3**을 20등분해 둥글게 빚어 밀가루를 묻힌다. 달걀물, 빵가루의 순서로 튀김옷을 입힌 후, 서양배모양으로 다듬는다.
5　튀김기름을 약 180℃로 달구고 **4**를 넣어 노릇하게 튀긴다. 위쪽에 이쑤시개로 구멍을 내어 이탈리안파슬리 등의 줄기를 꽂아 마무리한다. 기호에 따라 영귤을 곁들인다.

톳생강조림 만드는 방법
만들기 쉬운 분량

E 280kcal(전량)   T 15분*

1　새싹톳(건조) 50g을 잘 씻어서 충분한 물에 10~15분 담가 불린 후, 체에 건져 물기를 뺀다.
2　작은 냄비에 간장·맛술 3큰술씩, 설탕 2큰술을 함께 끓이고, 설탕이 녹으면 **1**을 넣는다. 국물이 거의 없어질 때까지 중불에 5분 조린다.
3　불을 끄고 다진 생강 2큰술(30g)을 넣어 섞은 후, 한김 식으면 저장용기에 옮겨 담는다.

＊ 톳을 불리는 시간, 맛이 배게 두는 시간은 제외한다.
※ 냉장고에 4~5일 저장할 수 있다.

무말랭이 에스닉 오믈렛

무말랭이는 늘 깔끔한 맛으로 넉넉하게 조려둔다.
그냥 먹어도 맛있지만,
내가 좋아하는 것은 남플라 풍미의 오믈렛.
고수가 익숙하지 않다면
미나리, 파드득나물, 대파 등을 사용해도 좋다.

재료 만들기 쉬운 분량

E 810kcal(전량)　T 15분

무말랭이조림(아래 참고) 1컵
달걀 4개
고수 2줄기
돼지고기(자투리고기) 100g
남플라 2작은술
소금·후추·식용유

1　고수는 1~2cm 길이로 듬성듬성 자른다. 돼지고기는 한입크기로 썬다.
2　볼에 달걀을 깨서 넣고, 소금·후추를 조금씩 넣어 풀어준다.
3　프라이팬에 식용유를 알맞게 둘러 달구고 돼지고기를 볶은 후, 소금·후추를 조금씩 뿌리고 남플라를 넣는다.
4　2에 무말랭이조림과 3의 돼지고기, 1의 고수를 넣고 가볍게 섞는다.
5　프라이팬에 식용유를 알맞게 둘러 달구고, 4를 부어 크게 섞는다. 반숙일 때 모양을 잡아 오믈렛을 만든다. 기호에 따라 고수(분량 외)를 적당히 곁들인다.

무말랭이조림 만드는 방법
만들기 쉬운 분량

E 270kcal(전량)　T 15분*

1　무말랭이(건조) 50g은 손으로 주물러 깨끗이 씻고, 충분한 물에 20~30분 담가 불린다. 물기를 꼭 짜서 먹기 좋은 길이로 썬다. 당근 1/2개(80g)는 4~5cm 길이로 채썬다.
2　작은 냄비에 육수 1컵, 간장·연간장·설탕·청주·맛술을 1큰술씩 넣어 끓이고, 무말랭이와 당근을 넣어 중불에 약 5분간 조린다.
3　국물이 줄어들면 불을 끄고, 그대로 맛이 배게 둔다. 한김 식으면 저장용기에 옮겨 담는다.

＊ 무말랭이를 불리는 시간, 맛이 배는 시간은 제외한다.
※ 냉장고에 3일 저장할 수 있다.

닭고기조림

이 조림은 질리는 일이 없어, 뿌리채소가 맛있는 철이 오면 몇 번이고 만든다.
채소를 같은 크기로 자르면 모양도 예쁠 뿐만 아니라 맛도 더욱 좋아진다.
우리집은 설날에 꼭 이 조림을 만든다.

재료 4인분
E 300kcal   T 25분*
건표고버섯 3장
닭다릿살 1장
우엉 1줄기(120g)
연근 1~2마디(220g)
당근 1개(150g)
데친 죽순 1개(150g)
곤약 1장(270g)
A | 육수 1.5컵
　 | 설탕 4큰술
　 | 간장 4큰술
　 | 맛술 2큰술
　 | 청주 2큰술
식용유

* 건표고버섯을 불리는 시간, 맛이 배는 시간은 제외한다.

1　건표고버섯은 약간의 물에 30분~1시간 담가 천천히 불린다(p.67 위 사진). 물기를 가볍게 짜고, 기둥을 잘라낸 후 4등분한다.
2　우엉은 껍질을 벗겨 1.5㎝ 두께로 어슷썬 후, 물에 담갔다가 물기를 잘 뺀다. 연근은 껍질을 벗겨 1.5~2㎝ 두께의 반달모양 또는 은행잎 모양으로 자르고 물에 담갔다가 물기를 뺀다. 당근은 껍질을 벗겨 1.5㎝ 두께로 동그랗게 썰거나 반달모양으로 썬다. 죽순의 아랫부분은 1㎝ 두께의 반달모양 또는 은행잎모양으로, 윗부분은 웨지모양으로 썬다.
3　곤약은 작게 한입크기로 뜯은 후, 데쳐서 쓴맛을 제거한다.
4　닭고기는 한입크기로 자른다.
5　작은 냄비에 A를 섞어 불에 올리고, 한소끔 끓으면 불을 끈다.
6　깊은 프라이팬에 식용유 1큰술을 둘러 달구고, 닭고기를 구운 색이 나게 볶는다. 구운 색이 나면 우엉, 곤약, 표고버섯, 죽순, 당근 순서로 넣고, 식용유 1큰술을 더 넣어 볶다가 **5**를 붓는다.
7　끓어오르면 거품을 걷어내고 뚜껑을 덮어 중불에 약 5분간 조린다. 연근을 넣고 다시 5분간 조려 국물이 없어지면 불을 끈다. 그대로 맛이 배게 둔다.

건표고버섯을 불릴 때는, 감칠맛이 빠져나가지 않도록 물을 표고버섯에 모두 흡수될 정도로만 적게 넣는다. 불린 물을 국 등에 사용할 경우라면 물양이 많아도 된다.

박고지와 표고버섯 김초밥

김초밥을 처음부터 만들려고 하면 힘들지 모르지만,
박고지나 건표고버섯을 주말에 조려두면 손쉽게 만들 수 있다.
속재료가 밖으로 삐져나온 꽁다리를 집어먹는 게 나의 즐거움이다.

재료 2개 분량
E 500kcal(1개 분량) T 20분
박고지조림(p.69 참고) 약 1/4 분
  량(p.69의 1/4 분량)
건표고버섯조림(p.69 참고) 4~6장
초밥
  | 밥(따뜻하게) 약 330g
  | 단촛물(시판) 3큰술
  | 유자즙(또는 영귤즙) 1큰술
달걀말이
  | 달걀 2개
  | 설탕 4작은술
  | 청주 2작은술
  | 소금 조금
오이 1/2~1개
구운 김(김밥용) 2장
식용유

초밥을 만든다
1 갓 지은 밥에 단촛물을 둘러 붓고 주걱으로 자르듯이 섞은 후, 유자즙을 넣어 섞는다.

달걀말이를 만든다
2 볼에 달걀을 깨서 넣고 설탕, 청주, 소금을 넣고 잘 섞는다.
3 달걀팬에 식용유를 알맞게 둘러 달구고, 키친타월 등으로 전체에 기름을 바른다. **2**의 달걀물의 1/2을 얇게 퍼지도록 붓고, 반숙일 때 재빨리 앞쪽으로 말아서 달걀말이를 가늘게 만든다. 부쳐진 뜨거운 달걀말이를 종이호일 등으로 감싸 모양을 잡는다. 같은 방법으로 다른 1개도 만든다.

※ 달걀말이는 되도록 구운 김의 너비(21cm)와 비슷한 길이로 만든다. 작은 달걀팬이라면 가로방향으로 놓고 길게 말아도 좋다(사진 a).

그 밖의 재료를 준비한다
4 오이는 얇게 어슷썰어 가늘게 채썬다. 박고지는 구운 김의 너비에 맞춰 자른다. 표고버섯은 얇게 썬다. 김초밥 2개를 말 수 있게 재료를 반으로 나누어 사용한다.

김초밥을 만다
5 김발에 구운 김을 올리고, 김의 위쪽을 2cm 정도 남기고 밥의 1/2 분량을 넓게 편다. 김의 앞쪽과 좌우에 밥을 꼼꼼히 넓게 편다. 초밥 가운데에 박고지를 올리고, 그 위에 표고버섯을 올린다. 앞쪽에 오이를 올리고, 뒤쪽에 달걀말이 1개를 올려서 만다(사진 b·c). 김밥의 이음매가 아래로 가게 놓고 가볍게 누른 후, 김발을 제거한다. 같은 방법으로 하나를 더 만든다.
6 잘 드는 칼로 1개를 6등분 정도로 썰어 접시에 담는다.

a

b

c

박고지조림
만드는 방법
만들기 쉬운 분량

E 350kcal(전량)   T 40분*

1 박고지(건조) 40g은 깨끗이 씻은 후 물에 10분간 담갔다 건져 물기를 빼고, 소금 1/2작은술로 주무른 후 물로 잘 씻는다.

2 냄비에 물을 끓여 얇은 박고지는 5분 정도, 두꺼운 박고지는 15분 정도 부드러워질 때까지 삶은 후, 체에 건져 물기를 뺀다.

3 냄비에 육수 1컵, 설탕·맛술·간장 3큰술씩, 청주 2큰술을 넣고 끓이다가 **2**를 넣는다. 뚜껑을 덮고, 약불에 15~20분 국물이 거의 없어질 때까지 조린다.

4 불을 끄고 맛이 배게 둔다. 한김 식으면 저장 용기에 옮겨 담는다.

* 박고지를 불리는 시간, 맛이 배는 시간은 제외한다.
※ 냉장고에 4~5일 저장할 수 있다. 먹을 때 먹기 좋은 길이로 자른다.

건표고버섯조림
만드는 방법
만들기 쉬운 분량

E 300kcal(전량)   T 30분*

1 건표고버섯 18~20장(70g)은 약간의 물(1~1.25컵)에 30분~1시간 담가 천천히 불린다. 물기를 가볍게 짜고 기둥을 잘라낸다.

2 냄비에 육수 1컵, 설탕·청주·맛술·간장을 2큰술씩 넣고 끓이다가 **1**을 넣는다. 뚜껑을 덮고 약불에 약 10분간 조린 후, 간장 1큰술과 설탕 1/2큰술을 넣어 다시 5~10분 국물이 없어질 때까지 조린다.

3 불을 끄고 맛이 배게 둔다. 한김 식으면 저장 용기에 옮겨 담는다.

* 건표고버섯을 불리는 시간, 맛이 배는 시간은 제외한다.
※ 냉장고에 4~5일 저장할 수 있다.

다시마채와 소고기타타키 샐러드

다시마채를 처음 알게 된 것은,
요리연구가로 일을 시작할 때쯤 함께 일하던
편집장이 선물로 주면서부터였다.
맛있게 먹을 방법을 고심하다가
다시마채와 소고기의 조합을 생각해냈다.
토마토드레싱을 뿌리면
깜짝 놀랄 정도로 맛이 좋아진다.

재료 4인분
E 190kcal   T 25분*¹
다시마채(건조) 10g
소고기(다릿살/덩어리)*² 300g
A │ 소금·후추 조금씩
무 5cm(200g)
토마토드레싱*³
  토마토케첩 2큰술
  토마토퓌레 1큰술
  맛술*⁴ 4큰술
  간장 4큰술
  설탕 1작은술
  간 생강 1큰술
  간 마늘 1작은술
  참기름 1/2큰술
식용유

*¹ 다시마채를 불리는 시간은 제외한다.
*² 실온에 둔다.
*³ 만들기 쉬운 분량.
*⁴ 알코올이 신경쓰이면 끓여서 사용한다.

1   소고기타타키를 만든다. 소고기 전체에 A를 문질러 바른다. 식용유를 조금 둘러 달군 프라이팬에 올려 센불에 전면을 노릇노릇하게 구운 후, 중불에서 속까지 따뜻하게 하여 기호에 맞게 구워낸다. 한김 식으면 얇게 썬다.
2   다시마채는 깨끗이 씻어 넉넉한 물에 10~15분 담가 불린다. 물기를 빼고 먹기 좋은 길이로 자른다. 무는 채썬다
3   볼에 토마토드레싱 재료를 넣고 골고루 섞는다.
4   2를 합쳐 접시에 담고 1을 올린 후, 3을 알맞게 뿌린다.

다시마채와 연근 조림

벌써 30년 넘게 만들어온, 나에게는 추억이 깊은 요리이다. 손님에게 대접하면 늘 가장 먼저 없어질 정도로 인기가 많다. 연근 대신에 우엉으로 만들기도 한다.

재료 4인분
E 160kcal　T 20분*
다시마채(건조) 20g
연근 500g
푸른차조기(채썰기) 10장 분량
식용유

A │ 간장 3.5~4큰술
　│ 육수 2큰술
　│ 맛술 1큰술
　│ 설탕 1/2~1큰술

* 다시마채를 불리는 시간은 제외한다.

1 다시마채는 깨끗이 씻어 물에 10~15분 담가 불린다. 물기를 빼고 먹기 좋은 길이로 자른다.
2 연근은 껍질을 벗겨 동그란 모양이나 반달모양으로 얇게 자른 후, 물에 담갔다 물기를 잘 뺀다.
3 프라이팬에 식용유 2큰술을 둘러 달구고, 연근을 센불에서 색이 투명해질 때까지 볶는다.
4 A를 합쳐 넣고 골고루 섞은 후, 전체에 맛이 잘 배면 불을 끈다. 다시마채를 넣고 재빨리 버무린다.
5 한김 식으면 저장용기에 옮겨 담는다. 먹을 때 푸른차조기를 올린다.

※ 냉장고에 3일간 저장할 수 있다.

다시마채와 당근 조림

매일 조금이라도 먹고 싶어서 항상 주말에 만들어 놓는다. 특히 갓 지은 밥과 함께 먹는 것을 좋아한다. 당근은 마지막에 넣어 씹는 맛을 살린다.

재료 만들기 쉬운 분량
E 210kcal(전량)　T 25분*
다시마채(건조) 1봉지(35~40g)
당근 1/2개(약 80g)

A │ 간장 3큰술
　│ 맛술 2큰술
　│ 청주 2큰술
　│ 설탕 1큰술
참깨 적당량

* 다시마채를 불리는 시간, 맛이 배는 시간은 제외한다.

1 다시마채는 깨끗이 씻어 물에 15분간 담가 불린 후, 체에 건져 물기를 뺀다. 당근은 5~6cm 길이로 가늘게 채썬다.
2 작은 냄비에 A를 넣고 끓이다가 다시마채를 넣는다. 보글보글 끓을 정도로 불을 조절하여 국물이 없어질 때까지 5분 정도 조린다.
3 당근을 넣고 섞은 후 불을 끈다. 그대로 한김 식을 때까지 두어 맛이 배게 한다. 접시에 담고 참깨를 뿌린다.

※ 오래 저장하고 싶으면 당근을 넣기 전까지만 만든다. 다시마채만으로 만들면 약 10일간, 당근을 넣을 경우는 3~4일 보관할 수 있다.

나물이나 참깨무침, 조림, 매콤하게 절인 가지튀김과 같은 밑반찬은 우리집 식탁에서 빼놓을 수 없다. 매일 밤 술 한잔을 무척이나 즐기는 남편을 위해, 오늘도 냉장고를 들여다보고 때마침 있는 재료로 만드는 것이 나의 즐거움이다.

모두 간편하게 만들 수 있는 것뿐이라, 그래서 더욱 정성껏 자르거나 예쁘게 담는 데 신경을 쓴다. 그것만으로도 맛이 충분히 달라지는 것 같기 때문이다. 그런 것들이 제대로 전해지고 있는지는 모르겠지만, 가족이 좋아하는 요리에 이런 반찬들이 꼽히는 것이 정말 기쁘다. 딸이나 아들이 집에 오면, 「그거 먹고 싶어요.」라며 좋아하는 반찬을 만들어달라고 자주 이야기한다.

모두에게 익숙한 맛을 소중히 여기면서, 나는 그런 즐거움의 하나로 앞으로도 새로운 반찬을 계속 만들어가고 싶다.

밑반찬이 있으면

식탁이

즐거워진다

소송채나물

작은 반찬을 정성껏 만드는 것이 정말 좋다.
데친 소송채를 트레이에 보기 좋게 배열하면 접시에 담는 재미도 즐겁다.

자른 소송채는 트레이에 가지런하게 담는다. 절임물을 부으면 선명한 초록색이 빛난다.

재료 4인분
E 40kcal　T 15분*1
소송채(대) 1단(400g)
절임물
　육수*2 1.5컵
　연간장 2큰술
　맛술*3 2큰술
　소금 조금
가다랑어포 적당량
소금

*1 냉장고에서 식히는 시간은 제외한다.
*2 실온에 둔 것.
*3 끓여서 알코올을 날린 것.

1　볼에 절임물 재료를 넣고 섞는다. 맛술을 넣으면 맛이 부드러워진다.
2　소송채는 잘 씻어 밑동의 끝을 잘라낸다.
3　냄비에 물을 끓이고 소금을 조금 넣는다. 소송채 1단을 3번에 나누어 데친다. 밑동부터 물에 담가 잎까지 넣은 후, 30초~1분 데쳐 얼음물에 담근다. 체에 건지고, 줄기를 가지런히 정리해서 물기를 꼭 짠다.
4　밑동을 잘라내고 4~5㎝ 길이로 썬 후, 다시 물기를 꼭 짜서 트레이에 가지런히 담는다. 1을 붓는다.
5　냉장고에서 차게 하고, 절임물도 접시에 담는다. 가다랑어포를 올린다.

껍질콩 참깨무침

참깨를 좋아하셨던 엄마의 영향으로 나도 매일 참깨를 넣어 요리를 한다.
가볍게 볶아 절구에 빻으면 맛있다는 것도 엄마가 가르쳐주셨다.

재료 4인분
E 110kcal　T 20분
껍질콩 200g
검은깨 6큰술(50g)
A ｜ 설탕 2큰술
　｜ 맛술* 1/2큰술
　｜ 간장 1~1.5큰술
소금

* 알코올이 신경쓰이면 끓여서 사용한다.

1　껍질콩은 섬유질을 제거하여 2~3등분으로 어슷썬다. 끓는 물에 소금을 조금 넣어 1~2분 데친다. 찬물에 헹궈 체에 건지고 면보 등으로 물기를 짠다.
2　검은깨는 고소해질 때까지 프라이팬에 가볍게 볶은 후, 절구에 넣고 빻는다. A를 순서대로 넣고 섞는다.
3　껍질콩을 절구에 넣고 버무려 맛을 보는데, 간이 부족하면 소금을 조금 넣는다.

우엉조림

전업주부였을 때, 우엉조림은 특히 우엉을 가늘게 썰어야 한다고 고집했다.
굵기를 여러 가지로 바꿔서 만들어봤지만, 지금도 역시 이렇게 가늘게 썬 것이 좋다.

재료 만들기 쉬운 분량
E 320kcal(전량)   T 15분
우엉(대) 1줄기(200g)
A │ 설탕 1큰술
  │ 맛술 1큰술
  │ 간장 2큰술
시치미 취향대로

1　우엉은 필러로 껍질을 벗기고, 어슷썰어 가늘게 채썬다. 어슷썬 다음 채를 썰면 양쪽 끝이 뾰족해져서 식감이 섬세해진다. 물에 담가 떫은 맛을 제거하고, 체에 건져 물기를 잘 뺀다.
2　프라이팬에 식용유 1~2큰술을 둘러 중불에서 달군 후 우엉을 볶는다. 익으면 A의 양념을 차례로 넣어 재빨리 버무려 맛이 배게 한다. 곱게 채썰었기 때문에 너무 많이 익지 않게 주의하고, 국물이 조금 남은 상태에서 불을 끈다. 접시에 담고, 시치미를 취향대로 뿌린다.

우엉 흑초조림

흑초는 내가 좋아하는 조미료 중 하나다. 진한 맛으로 조리고 싶을 때 딱 맞고,
특히 우엉과 잘 어울린다. 흑초 대신 발사믹식초로 만들어 와인과 같이 먹어도 좋다.

재료 만들기 쉬운 분량
E 440kcal(전량)   T 25분   홍고추(씨 빼고 잘게 썰기) 적당량
우엉(대) 2줄기(400g)   식용유
A │ 흑초 4큰술
  │ 설탕·간장 1큰술씩
B │ 흑초 2큰술
  │ 간장 1/2큰술

1　우엉은 필러로 껍질을 벗기고, 5~6cm 길이의 막대모양으로 자른다. 끓는 물에 4~6분 데쳐 체에 건지고 물기를 잘 뺀다.
2　서로 다른 볼에 A와 B를 각각 잘 섞는다.
3　냄비에 식용유 1큰술을 둘러 달구고, 센불에서 우엉을 볶는다. 전체에 기름이 잘 돌면 A를 넣는다.
4　뚜껑을 덮고 가끔씩 뚜껑을 열어 섞으면서 약불~중불로 5분간, 국물이 줄어들 때까지 조린다.
5　B를 넣고 국물이 없어질 때까지 조린 후, 홍고추를 넣고 불을 끈다.

크레송 땅콩무침

채소 참깨무침을 외국인도 맛있게 먹었으면 해서
해외에서도 구하기 쉬운 재료로 만든 레시피다.
크레송의 쌉쌀함과 땅콩의 깊은 맛이 생각보다 잘 어울린다.

재료 2인분
E 130kcal　T 10분
크레송 2단(100g)
땅콩버터(크런키/가당) 2큰술
A ｜ 맛술* 1큰술
　｜ 간장 2작은술
　｜ 설탕 1작은술
소금

* 알코올이 신경쓰이면 끓여서 사용한다.

1 크레송은 잎과 줄기를 나누고, 각각 3㎝ 길이로 자른다.
2 끓는 물에 소금을 조금 넣고 크레송을 줄기, 잎의 순서로 넣어 20~30초 데친다. 찬물에 헹궈 물기를 꼭 짠다.
3 볼에 땅콩버터를 넣고, A를 더해 골고루 섞는다.
4 3에 2를 넣어 가볍게 무치고, 소금을 조금 넣어 간을 한다.

셀러리와 당근 초무침

우리집에서는 산뜻한 맛의 초무침을 샐러드처럼 듬뿍 먹는다.
매일 아침 주스를 만들기 위해 셀러리와 당근이 늘 냉장고에 있어서인지,
이 두 가지 채소로 만든 레시피가 늘어나고 있다.

재료 4인분
E 40kcal　T 15분*　　영귤(반으로 자르기) 취향대로
셀러리 2줄기(250g)　　* 셀러리와 당근을 간장촛물에 담그는 시간은 제외한다.
당근 1/2개(80g)
간장촛물
　｜ 식초 1컵
　｜ 육수 1/2컵
　｜ 설탕 4큰술
　｜ 연간장 2큰술

1 볼에 간장촛물 재료를 넣어 섞는다.
2 셀러리는 섬유질을 제거하고 5~6㎝ 길이로 채썬다. 당근도 5~6㎝ 길이로 채썬다.
3 저장용기(또는 지퍼백)에 셀러리와 당근을 넣고 1의 간장촛물을 부어 15분 이상 둔다. 접시에 담아 간장촛물을 붓고, 취향에 따라 영귤즙을 뿌린다.

숙주나물

내가 숙주를 좋아하는 건 유명해서, 숙주로 요리한 레시피가 셀 수 없이 많다.
숙주를 데쳐 물기를 꼭 짜면 씹는 맛이 있고, 요리의 폭도 넓어진다.
마늘과 빻은 참깨는 맛을 보면서 더 넣고, 취향에 따라 조절해도 좋다.

재료 만들기 쉬운 분량
E 80kcal(전량)　T 10분
숙주 1봉지(200g)
A ┃ 과립 치킨스톡(중화풍) 1/2작은술
　┃ 간 마늘 조금
　┃ 소금·후추 조금씩
　┃ 참깨 적당량
참기름

1　숙주는 씻어서 뿌리를 다듬는다. 끓는 물에 살짝 데쳐 체에 건진다.
2　한김 식으면 면보로 감싸 물기를 꼭 짠다.
3　**2**를 볼에 담고, A를 순서대로 섞어 맛이 배게 한다. 취향에 따라 참기름을 알맞게 두른다.

오이탕탕이 초간장절임

만들어두면 금세 동나는 우리집 인기 밑반찬이다.
생강과 당근은 먹기 직전에 절임물에 담그면
풍미와 식감이 좋아져 더욱 맛있다.

재료 만들기 쉬운 분량
E 200kcal(전량)　T 10분*　　절임물
오이 6개　　　　　　　　　　식초 1/2컵
생강 적당량　　　　　　　　　간장 1/2컵
당근 적당량　　　　　　　　　설탕 4큰술
참기름　　　　　　　　　　　홍고추(씨 빼고 잘게 썰기)
* 냉장고에 두는 시간은 제외한다.　　1~2개 분량

1　절임물의 식초, 간장, 설탕을 잘 섞는다.
2　오이는 절구 방망이나 밀대로 두들겨 쪼갠 후, 먹기 좋은 크기로 썬다. 생강과 당근은 껍질을 벗겨 채썬다.
3　**2**의 오이를 저장용기(또는 지퍼백)에 넣고 **1**을 붓는다. 절임물에 홍고추를 넣고 냉장고에 1~2시간 둔다. 먹기 직전에 절임물을 볼에 담고, 생강과 당근을 넣어 맛이 배게 한다. 먹을 때 접시에 담고, 취향에 따라 참기름을 두른다.

※ 오이를 절인 상태로 냉장고에 1주일 정도 저장할 수 있다. 단, 맛이 점점 진해지기 때문에 원하는 시기를 잘 체크하여 먹는다.

매콤하게 절인 가지튀김

우리 아들이 아주 좋아하는 반찬으로 「이것만 있으면 밥 몇 공기도 먹을 수 있어요.」라고 말한다. 가지의 표면에 색이 연하게 들고, 젓가락으로 찔렀을 때 살짝 들어갈 정도로 튀긴다.

재료 만들기 쉬운 분량
E 1320kcal(전량)　T 20분*
가지 8개(700g)
A │ 간장　6큰술
　│ 맛술　6큰술
　│ 식초　4큰술
　│ 설탕　2~2.5큰술
　│ 두반장　1~2작은술
B │ 다진 마늘　1작은술
　│ 다진 생강　1작은술
다진 대파　2큰술
튀김기름

* 맛이 배는 시간은 제외한다.

1　깊은 볼에 A와 B를 섞어둔다.
2　가지는 꼭지를 떼고 3㎝ 두께로 동그랗게 썬다.
3　튀김기름을 180℃ 정도로 달구고, 가지를 넣어 튀긴다. 가지가 부드러워지면 건져서 기름기를 뺀다.
4　뜨거울 때 1에 적시고 대파를 넣는다. 한김 식으면 냉장고에 넣어 맛이 배게 한다.

※ 만들자마자 바로 먹을 수 있지만, 1시간 이상 두면 맛이 잘 배어 더 맛있다. 저장용기에 담아 냉장고에 2~3일 저장할 수 있다.

닭가슴살과 자차이 무침

닭가슴살, 대파, 자차이 3가지는 내가 정말 좋아하는 조합이다. 대파도 자차이도 되도록 가늘게 채썰면, 보기에도 좋고 씹는 맛도 더욱 좋아진다.

재료 2인분
E 140kcal　T 15분*
닭가슴살　2장
밑간
　│ 연간장　1/2큰술
　│ 간 마늘　조금
자차이(소)　1/2개(50g)
대파　1줄기
영귤(4등분)·라유·참깨
　　각각 취향대로
식용유·참기름

* 자차이의 소금기를 빼는 시간은 제외한다.

1　닭가슴살은 힘줄을 제거하고, 밑간 재료로 버무린다.
2　프라이팬에 식용유를 살짝 둘러 달구고 1을 넣어 구운 색이 나지 않게 구운 후, 알루미늄 포일로 감싸 조금 뜸을 들이면서 속까지 익힌다. 한김 식으면 잘게 찢는다.
3　자차이는 물에 씻어 얇게 자르고, 먹기 적당할 정도의 짠맛이 되도록 물에 담가 소금기를 제거한 후 채썬다. 대파는 채썰어 물에 담갔다 물기를 잘 뺀다.
4　2와 3을 섞고, 참기름 1~2큰술을 넣어 무친다. 접시에 담고 영귤, 라유, 참깨를 곁들인다.

라바이차이

만두나 차슈를 먹는 날에는 밑반찬으로 라바이차이를 만든다. 오래 전에 중국 셰프에게 배운 정통 레시피다. 산뜻한 단촛물과 화자오의 알싸한 풍미, 마지막에 끼얹는 뜨끈한 참기름의 향에 젓가락이 움직인다.

재료 만들기 쉬운 분량

E 370kcal(전량)　T 20분*1
배추 400g
당근 50g
생강 1쪽
단촛물
　식초 1컵
　설탕 3~4큰술
　소금 1/2작은술

A　화자오*2 1큰술
　홍고추(씨 빼고 잘게 썰기)
　1~2개 분량
유자 취향대로
소금·참기름

*1 누름돌로 눌러 절이는 시간, 맛이 배는 시간은 제외한다.
*2 p.31 참조.

1　배추는 5~6cm 길이로 썰고, 줄기 부분은 8mm 너비로, 잎 부분은 2~3cm 너비로 썬다. 당근은 껍질을 벗겨 5cm 길이로 가늘게 채썬다. 생강은 껍질을 벗겨 채썬다.
2　볼에 배추를 넣고, 소금 1작은술을 전체에 고루 버무린 후 절임용기에 옮겨 담는다. 누름돌로 눌러 30분간 그대로 둔다.
3　단촛물 재료를 합쳐 설탕과 소금이 녹을 때까지 잘 섞는다.
4　2의 배추의 물기를 짜서 내열용기에 담고 당근, 생강, A를 뿌린 후, 3의 단촛물을 붓는다. 참기름 1~2큰술을 프라이팬에 넣고 연기가 날 때까지 끓인 후, 위에서 골고루 뿌린다.
5　잠시 냉장고에 두어 맛이 들게 한다. 유자즙은 기호에 따라 뿌리고, 섞어서 먹는다.

피클

오이와 셀러리는 길이를 달리하고, 잘 절여진 것부터 먹는다. 너무 절인 것은 작게 다져서 타르타르소스에 넣거나, 슬라이스해서 감자샐러드에 넣어도 좋다.

재료 만들기 쉬운 분량

E 610kcal(전량)　T 15분*1
콜리플라워(소) 1개(300g)
당근 1개(150g)
셀러리 1줄기(120g)
오이 2개
A　화이트와인 1컵
　물 3/4컵
　설탕 80g
　소금 2작은술
　식초 2컵

B*2　홍고추(씨 제거) 2개
　월계수잎 2장
　검은 통후추 2작은술

*1 A를 식히는 시간, 채소를 절이는 시간은 제외한다.
*2 취향에 따라 얇은 편마늘(1쪽 분량)을 넣어도 좋다.

1　냄비에 A의 화이트와인, 물, 설탕, 소금을 합쳐 가열한다. 설탕이 녹으면 식초를 넣고 불을 끈 후, 실온까지 식힌다.
2　콜리플라워는 송이를 작게 나눈다. 당근은 껍질을 벗겨 3cm 두께로 자른다. 셀러리는 섬유질을 제거하고 먹기 좋은 길이로 자른다. 오이는 양쪽 끝을 잘라내고 먹기 좋은 길이로 썬다.
3　냄비에 물을 끓이고, 2를 살짝 데쳐 체에 건져 식힌다.
4　지퍼백에 3을 넣고 1을 붓는다. B를 넣고 공기를 빼 입구를 봉한 후, 냉장고에 저장한다. 절인 다음날부터 먹을 수 있다.

※ 병에 담그는 경우는 병을 열탕소독하고 같은 방법으로 절인다. 냉장고에 약 2주간 저장할 수 있다.

대파 마리네를 1개씩 작은 접시에 담고, 생햄이나 흰살 생선회를 올려서 낸다. 기호에 따라 유자후추나 웨지모양으로 자른 유자를 곁들인다.

대파 마리네

대파도 훌륭한 주인공이 될 수 있다.
깔끔하고 가지런하게 담아
손님상에 전채요리로 내면
언제나 순식간에 사라진다.
차게 해서 먹는 것도 추천한다.

재료 4인분
E 35kcal T 30분
대파 4줄기(손질 후 400g)
수프스톡* 2컵
화이트와인 1/4컵
월계수잎 1장
검은 통후추 1/2작은술
소금·올리브오일

* 과립스톡(서양풍) 2작은술을 뜨거운 물 2컵에 녹인 것.

1 대파는 6~7㎝ 길이로 자른다.
2 냄비에 수프스톡과 화이트와인을 끓이다가 대파, 월계수잎, 검은 통후추를 넣는다. 다시 끓으면 뚜껑을 덮어 약불로 약 20분간 조린다.
3 소금을 조금 넣어 간을 맞춘 후, 불을 끄고 그대로 두어 맛이 배게 한다. 대파를 접시에 담고 국물을 알맞게 붓는다. 기호에 따라 올리브오일을 두르면 더 맛있다. 차갑게 먹을 때는 접시에 담아 한김 식힌 후, 랩을 씌워 냉장고에 둔다.

재료 만들기 쉬운 분량
E 340kcal(전량)*¹   T 15분
양배추 500g
생딜*² 1/2팩
A | 올리브오일 2큰술
  | 레몬즙 1큰술
소금·검은 통후추(굵게 간 것)

*¹ 빵은 제외한다.
*² 산뜻한 향의 허브는 어패류와 궁합이 매우 좋다.

1 양배추는 가늘게 채썰어서 볼에 담는다. 소금 1.5작은술을 뿌리고 손으로 섞어 5~10분 그대로 둔다. 물이 나오면 적당량씩 면보에 감싸 물기를 꽉 짠 후, 다른 볼에 옮겨 담는다.
2 딜은 단단한 줄기 부분을 제거하고 굵게 다진다. 딜 바로 위에서 도마에 칼을 댄 채로 다지면 향이 더 잘 난다.
3 1에 A를 넣고 가볍게 섞은 후, 소금·검은 후추를 알맞게 넣어 간을 한다. 2를 넣고 살짝 섞어 접시에 담은 후, 기호에 따라 빵을 곁들인다.

허브 넣은 코울슬로

채썰기를 좋아하는 내가 잘 만드는 간단한 샐러드이다.
딜을 넣으면 채썬 양배추가 세련된 맛으로 변신한다.
허브를 평범한 재료와 같이 조합하면
새로움을 발견할 수 있다.

늘 하는 요리로
대접하면서

우리집에는 사람들이 모일 기회가 많아서, 결혼한 후부터 셀 수 없을 만큼 많은 손님을 대접해왔다. 그렇다고 특별한 요리를 만드는 것은 아니다. 늘 만드는 익숙한 요리, 가족에게 평이 좋은 요리 등을 내놓는다. 그래야 내 자신도 익숙해져 있어서 마음 편히 즐길 수 있고, 손님도 부담없이 올 수 있을 것 같았다.

요리는 평소와 다르지 않아도, 식탁 세팅에는 작게나마 변화를 준다. 그릇을 너무 좋아해서 식기선반에는 일본식기부터 서양식기까지 다양한 그릇이 진열되어 있지만 일상용, 접대용, 촬영용 등으로 구별하지는 않는다. 정말로 마음에 들어 산 그릇들이어서 구별하지 않고 늘 사용하고 있다.

내가 좋아하는 것은 일본식기든 서양식기든, 모두 하얀색으로 세팅하는 것이다. 이것만으로도 식탁에 통일감이 생기고, 훨씬 대접받는 분위기를 연출할 수 있다.

참치 카르파초

참치회와 잎채소만 있으면 금방 만들 수 있어
손님접대 요리로 제격이다.
중요한 것은, 잎채소는 물기를 완전히 제거하고
참치는 매우 차게 만들어둬야 하는 것.
카르파초는 차게 먹어도 맛있다.

재료 2~4인분
E 100kcal T 20분*¹

- 참치(횟감/아카미) 1/2덩어리
- 잎채소*²
  - 미나리 1/2단
  - 파드득나물 1/2단
  - 크레송 1/2단
  - 루콜라 1/2단
  - 베이비시금치 1/2단
  - 어린잎채소(일본풍) 1팩
- 양념
  - 식용유 2큰술
  - 간장 2작은술
  - 생강즙 2작은술
  - 소금·후추 조금씩
- 다진 산초잎(굵게) 취향대로
- 좋아하는 감귤류(영귤 등) 취향대로

*¹ 잎채소를 차게 하는 시간은 제외한다.
*² 좋아하는 채소를 선택해도 괜찮다. 향이 좋은 잎채소를 몇 종류 사용하면 참치맛이 더욱 돋보인다.

1 미나리와 파드득나물은 4~5cm 길이로 자른다. 크레송, 루콜라, 베이비시금치는 4~5cm 길이로 자르고, 잎의 끝부분은 작게 한입크기로 찢는다. 어린잎채소와 합쳐 찬물 또는 얼음물에 담근다. 아삭해지면 체에 건져 물기를 잘 뺀다(아래 사진). 먹기 직전까지 냉장고에 넣어 차게 한다.

2 양념을 만든다. 작은 볼에 식용유를 넣고, 간장을 골고루 섞는다. 생강즙을 섞고 소금·후추로 간을 한다.

3 참치는 얇게 썬다.

4 차게 만든 **1**을 접시에 담고 **3**의 참치를 올린 후, 산초잎을 취향대로 뿌린다. **2**의 양념을 뿌리고, 취향에 따라 감귤류의 즙을 짜서 뿌린다.

특히 잎채소를 아삭하게 손질하는 것이 중요하다. 우리집에서는 채소탈수기를 사용하여 물기를 완전히 제거한다.

일본풍 문어 카르파초

문어는 맛이 담백하기 때문에
고명을 듬뿍 올려 같이 먹는 것이 맛있다.
셀러리나 적양파 등의 서양채소와
양하나 푸른차조기와 같은 일본채소를 잘게 썰어 섞으면
복잡한 풍미와 함께 더 맛있어진다.
여기에 바게트나 갈릭토스트를 곁들여 와인과 함께 즐긴다.

재료 2인분
E 150kcal* T 20분
데친 문어다리 1개
셀러리 1/2줄기
오이 1/2~1개
적양파 1/4개
양하 2개
푸른차조기 10장
참깨 적당량
파르메산치즈 적당량
향미간장(아래 참고) 적당량
영귤 적당량
올리브오일

* 바게트는 제외한다.

향미간장 만드는 방법
만들기 쉬운 분량
마늘 2~3쪽과 생강 1쪽은 껍질을 벗겨 얇게 썬다. 깨끗한 저장병에 간장 1컵을 붓고 마늘과 생강을 넣어, 냉장고에 반나절 이상 맛이 배게 둔다.

1 문어를 얇게 썬다.
2 셀러리는 섬유질을 제거하여 3mm 크기로 깍둑썬다. 오이는 세로로 반을 잘라 스푼으로 씨를 긁어내고 3mm 크기로 깍둑썬다. 적양파와 양하는 3mm 크기로 깍둑썬다. 푸른차조기는 잘게 썬다.
3 접시에 문어를 평평하게 담고, 그 위에 **2**의 채소를 올린다(아래 사진). 참깨를 뿌리고, 파르메산치즈를 갈아 뿌린다.
4 먹기 직전에 향미간장을 뿌리고 영귤즙을 짜서 뿌린 후, 올리브오일을 알맞게 두른다. 바게트를 취향대로 곁들인다.

잘게 다진 채소를 문어가 보이지 않을 정도로 듬뿍 올린다.

스파이시 프라이드치킨

우리 가족도 손님도 모두 치킨을 아주 좋아한다.
때로는 이렇게 큰 조각으로 잘라서 튀기자마자 바로 먹는다.
향신료가 들어간 맛은 내가 젊었을 때 여러 번 만들었던 것이다.
두 번 튀기면 바삭해져서, 다들 빠져서 맛있게 먹는다.

재료 만들기 쉬운 분량
E1840kcal(전량) T40분*

닭고기(뼈째/토막) 800g

A | 간 마늘 1작은술
　| 간 생강 1작은술
　| 레드와인 2큰술
　| 간장 2.5큰술
　| 과립스톡(서양풍) 1작은술
　| 소금 조금
　| 검은 통후추(굵게 간 것) 1작은술
　| 코리앤더파우더 1/2작은술
　| 넛맥파우더 1/4작은술
　| 레드페퍼파우더 조금

레몬(두껍고 동그랗게 썰기) 적당량
소금·녹말가루·튀김기름

* 닭고기에 밑간을 하는 시간, 국물을 빼는 시간은 제외한다.

1 닭고기 전체에 소금 1작은술을 문질러 10~15분 둔 후, 빠져나온 물기를 키친타월로 닦는다. 지퍼백에 A를 섞은 후, 닭고기를 넣고 골고루 버무려 냉장고에 3시간 이상 둔다.

2 볼에 체를 얹고 **1**의 닭고기를 올린 후, 15분간 그대로 두어 국물을 뺀다(사진 a).

3 비닐봉지에 녹말가루 1컵과 **2**의 닭고기를 넣고 입구를 닫고 흔들어 닭고기에 녹말가루를 듬뿍 묻힌다.

4 180℃로 달군 튀김기름에 여분의 가루를 털어낸 **3**을 넣고 약 4분간 튀긴다. 식힘망에 올려 약 4분간 그대로 두고 남은 열로 익힌다. 튀김기름을 200℃로 올리고, 다시 약 2분간 튀긴다(사진 b). 접시에 담고 레몬을 곁들인다.

밑간에 사용하는 향신료는 달고 산뜻한 향의 코리앤더(사진 오른쪽아래), 단맛과 쌉쌀한 맛을 가진 넛맥(사진 왼쪽), 알싸하게 매운 레드페퍼(사진 오른쪽위) 3종류이다. 몇 가지를 조합하면 맛에 깊이가 생겨 닭고기의 맛이 한층 돋보인다. 기호에 따라 양은 가감한다.

a

수분을 모두 제거한 닭고기의 표면을 조금 건조시킨 후 튀기면 튀김옷이 눅눅해지지 않는다.

b

두 번 튀기면 속까지 잘 익고, 튀김옷도 바삭해진다.

토란과 순무 크림스튜

화이트소스를 만들지 않고
토란을 갈아 걸쭉하게 만든 스튜이다.
놀랄 정도로 맛있고, 부드럽다.
굴을 너무 익히지 않는 것만 주의하면
나머지는 아주 간단하다.

재료 4인분
E 290kcal T 35분
토란 3개(손질 후 100~120g)
순무 5개(손질 후 350g)
굴(껍데기 제거) 300g
화이트와인 2큰술
A | 과립스톡(서양풍) 2작은술
  | 뜨거운 물 1.5컵
우유·생크림 1컵씩
흰 후추 조금
소금

1 굴은 물로 깨끗이 씻어 체에 건져 물기를 제거한다. 냄비에 뜨거운 물을 끓이다가 화이트와인을 넣고 굴을 넣는다. 다시 끓어오르면 불을 바로 끄고 뚜껑을 덮어 약 5분간 뜸을 들인 후, 체에 부어 뜨거운 물을 제거한다.
2 순무는 줄기를 잘라내고 껍질을 벗겨 웨지모양으로 4등분한다. 토란은 씻어서 껍질을 벗기고 강판에 간다.
3 냄비에 A를 넣어 끓인 후, 순무를 넣고 뚜껑을 덮어 중불에 약 5분간 끓인다. 순무가 부드러워지면 우유와 생크림을 넣는다.
4 보글보글 끓지 않을 정도로 3을 데우고, 간 토란을 넣고 2~3분 끓여 걸쭉하게 만든다. 굴을 넣고, 소금과 흰 후추를 조금 넣어 간을 한다.

작은 소품으로 빛나는 테이블 세팅

손님을 대접할 때는 어떤 요리를 만들까 고민하는 것은 물론, 식기를 선택하고 식탁을 꾸미는 시간도 즐거움의 하나다. 예를 들어, 1인분씩 크고 작은 접시를 겹쳐 놓거나, 정원에 있는 식물로 장식하거나 한다. 전날 생각이 나서 테이블보를 직접 만든 일도 있다. 그런 작은 것들이 모이면 손님을 즐겁게 맞이할 수 있게 된다.

심플한 접시도 초록식물을 곁들이는 것만으로 분위기가 달라진다.

비프스튜

우리집에서는 언제나 버섯솥밥과 함께 내놓는다. 생각보다 간단하므로 여러 번 만들어보고 자신만의 맛을 찾도록 해보자. 이 비프스튜는 소고기도 채소도 큼지막하게 잘라 뭉근하게 조리면 되는데, 처음으로 비프스튜를 만들어주었을 때 매우 감격했던 기억이 아직도 남아 있다. 나는 엄마가 만들어주신 일본음식을 먹고 자랐다. 그래서 남편을 만날 무렵 처음으로 양식을 만드는 즐거움도 알게 되었다.

재료 4인분

E 880kcal　T 2시간 20분[*1]

소고기 어깨등심(덩어리) 600g
작은 양파 12개(300g)
당근(소) 2개(250g)
갈색양송이버섯 2팩(200g)
감자 3개(400g)
으깬 마늘 2쪽 분량
월계수잎 2장
셀러리잎 적당량
레드와인 1컵
데미그라스소스(통조림) 1캔(290g)

A | 토마토케첩 2큰술
　| 돈가스소스 1~1.5큰술
　| 우스터소스 1작은술
　| 소금 1/2작은술
　| 후추 조금

수제 사워크림
　| 물기를 제거한 요거트[*2] 약 1컵
　| 생크림 2큰술

소금·후추·밀가루·식용유·버터

[*1] 요거트의 물기를 제거하는 시간은 제외한다.
[*2] 볼에 체를 얹고 키친타월(부직포 타입)을 깐 후, 플레인요거트(무가당) 1팩(400g)을 붓는다. 1~2시간 두어 물기를 제거한다.

1　작은 양파는 껍질을 벗긴다. 당근은 껍질을 벗겨 2~3cm 두께로 동그랗게 썬다. 양송이버섯은 밑뿌리를 잘라낸다. 감자는 껍질을 벗겨 3등분한 후 물에 담그고, 물기를 완전히 제거한다.

2　소고기는 4cm 크기로 깍둑썰어 소금·후추를 조금씩 뿌린다. 지퍼백에 밀가루 2큰술과 소고기를 넣어 밀가루를 묻힌다.

3　프라이팬에 식용유 1큰술을 둘러 달구고 마늘을 볶는다. 향이 나면 소고기를 넣고 센불로 표면에 구운 색이 나도록 굽는다. 구운 색이 나면 마늘과 같이 냄비에 옮겨 담는다.

4　**3**의 냄비에 뜨거운 물 5컵을 넣고 끓인다. 끓으면 거품을 걷어내고 월계수잎과 셀러리잎을 넣는다. 뚜껑을 덮고 약불에 50~60분 끓인다.

5　다른 냄비에 레드와인을 가열한다. 끓으면 중불에 7~8분 절반 정도로 줄어들 때까지 졸인다. 데미그라스소스를 섞고, 약불에 약 3분간 끓인 후 불을 끈다.

6　**4**의 소고기가 부드러워지면, 프라이팬에 버터 20g을 넣고 달군 후 당근, 양파, 감자, 양송이버섯을 순서대로 볶는다. 채소 가장자리가 투명해지면 **4**의 냄비에 넣고 뚜껑을 덮어 중불로 10분간 끓인다.

7　채소가 부드러워지면 뚜껑을 열어 **5**의 소스를 넣고 약불에 30~40분, 중간중간 저어가면서 끓인다. A를 넣고 간을 본 후 불을 끈다. 걸쭉하지 않으면, 상온에서 부드러워진 버터와 밀가루 1큰술씩을 섞은 뵈르 마니에(Beurre manié)를 조금씩 넣어 농도를 맞춰도 좋다.

8　**7**을 접시에 담고, 수제 사워크림 재료를 섞어 곁들인다.

버섯솥밥 만드는 방법

재료 4인분

E 330kcal　T 10분[*]

쌀 400㎖(2컵)
다시마(길이 10cm) 1장
백만송이버섯 1팩(100g)
잎새버섯 1팩(100g)
새송이버섯 1팩(100g)

A | 청주·맛술·연간장·간장 1큰술씩
　| 소금 조금

좋아하는 절임반찬 취향대로
좋아하는 감귤류 취향대로

[*] 다시마를 물에 담그는 시간, 쌀을 체에 건져 물을 빼는 시간, 솥밥을 짓는 시간은 제외한다.

1　다시마는 살짝 씻어 물 약 2컵에 담가 30분 정도 그대로 둔다.

2　쌀은 씻어서 체에 건져 약 15분간 그대로 둔다.

3　백만송이버섯은 밑동을 자르고 송이를 분리해 놓는다. 잎새버섯은 가늘게 가른다. 새송이버섯은 3~4cm 길이로 자르는데, 두꺼운 부분은 반으로 자른 후 5~6mm 두께로 얇게 썬다.

4　A에 **1**의 다시마육수를 넣어 360㎖를 만든다.

5　솥에 **2**의 쌀을 넣고, **3**의 버섯을 위에 넓게 편다. **4**를 가장자리에서 붓고 밥을 짓는다.

6　솥밥이 다 되면 가볍게 섞어 그릇에 담는다. 좋아하는 절임반찬과 감귤류를 곁들이거나, 비프스튜를 얹어 먹는다.

바냐 카우다 소스 양배추파스타

바냐 카우다 소스 파스타는 간편하게 만들 수 있어 먹기 편하다.
원래 으깬 마늘과 안초비로 걸쭉하게 만드는 소스이지만,
옥수수전분으로 걸쭉하게 만들면 실패 없이 부드럽게 만들 수 있다.
소스의 맛과 양배추의 단맛이 오래 남는다.

재료 2인분
E 890kcal[*1]　T 25분

바냐 카우다 소스
- 안초비(필레)[*2] 4~5장(15~20g)
- 옥수수전분·물 1작은술씩
- 올리브오일 2큰술
- 다진 마늘 1작은술
- 생크림 1컵
- 소금·검은 통후추(굵게 간 것) 조금씩

양배추 4~5장(300g)
스파게티(1.6mm) 140g
파르메산치즈 적당량
소금·올리브오일·검은 통후추(굵게 간 것)

[*1] 바게트는 제외한다.
[*2] 멸치를 소금에 절여 숙성시킨 다음, 오일에 절인 것. 감칠맛이 강해 조미료로 사용할 수 있다.

1 바냐 카우다 소스를 만든다. 안초비는 잘게 썰어 칼로 부드럽게 두들긴다. 옥수수전분과 물은 섞어둔다.
2 작은 냄비에 올리브오일을 둘러 달구고 마늘을 볶는다. 향이 나면 안초비를 넣고 볶는다. 생크림을 넣고, 끓으면 물에 푼 옥수수전분을 넣어 걸쭉하게 만든 후, 소금·검은 후추를 조금씩 뿌린다.
3 양배추는 크게 듬성듬성 썬다. 냄비에 물을 끓이다 소금을 적당히 넣고, 스파게티를 포장지에 표시된 시간만큼 삶아 물기를 뺀다.
4 프라이팬에 올리브오일 2큰술을 둘러 달구고, 양배추를 넣어 갈색이 살짝 나도록 센불로 볶다가, 소금·후추를 조금씩 뿌린다. 2의 바냐 카우다 소스, 3의 스파게티를 순서대로 넣고 전체를 섞은 후, 소금·후추를 조금씩 뿌려 간을 한다. 접시에 담고 파르메산치즈를 갈아 뿌린 후, 검은 통후추를 알맞게 뿌린다. 취향에 따라 토스트한 후 올리브오일을 알맞게 뿌린 바게트를 곁들여도 좋다.

바냐 카우다 소스를 드레싱으로

진하고 감칠맛이 나는 바냐 카우다 소스는 드레싱 대신으로도 사용할 수 있다. 어린잎채소에 호두를 넣은 샐러드에 뿌려서 고기요리에 곁들이면 제격이다. 프렌치드레싱과 반반씩 섞어 사용해도 좋다. 그 외에도 삶은 감자와 버무린 후 오븐토스터에 구워 그라탱을 만들거나, 채소 딥으로 사용해도 좋다.

팬파에야

프라이팬 하나로 간단하게 만들어
그대로 식탁에 내놓을 수 있기 때문에
따끈따끈하게 먹을 수 있다.
닭고기, 해산물, 채소를 듬뿍 넣어
쌀에 재료의 감칠맛이 잘 스며들게 한다.
원래는 사프란을 사용하지만,
나는 간편하게 카레가루로 색과 향을 낸다.

재료 4인분
E 840kcal　T 40분
닭다릿살　1장(250g)
은대구(토막)　2조각(200g)
새우(냉동/머리 제거/껍질째/대)　10마리(손질 후 240g)
피망　2개
파프리카(빨강)　1개
쥬키니　1개(250g)
토마토　1개(150g)
마늘　1쪽
양파(소)　1/2개(80g)
쌀(씻어나온 것)　400㎖(2컵)
화이트와인　2~3큰술
A　｜　카레가루　1작은술
　　｜　과립스톡(서양풍)　2작은술
레몬(웨지모양 썰기)　적당량
올리브오일·소금·검은 통후추(굵게 간 것)

1　양파는 굵게 다지고, 마늘은 잘게 다진다. 피망과 파프리카는 세로로 반을 잘라 꼭지와 씨를 제거한 후, 피망은 다시 세로로 길게 반 자르고, 파프리카는 3~4등분한다. 쥬키니는 1.5㎝ 두께로 동그랗게 썬다. 토마토는 꼭지를 떼고 듬성듬성 자른다.

2　닭고기는 여분의 지방을 잘라내고 한입크기로 썬다. 은대구는 반으로 자른다. 새우는 흐르는 물에 씻어 해동하고 껍질, 꼬리, 등의 내장을 제거하여 3등분한다.

3　프라이팬(지름 28㎝)에 올리브오일 2큰술을 둘러 센불에 달구고 피망, 파프리카, 쥬키니를 넣어 양면에 구운 색이 나도록 볶다가 소금·검은 후추를 조금씩 뿌린 후 꺼낸다. 같은 프라이팬에 올리브오일 1큰술을 둘러 달구고, 센불에 새우를 구워 소금·후추를 조금씩 뿌린 후 꺼낸다. 은대구도 같은 방법으로 굽는다.

4　같은 방법으로 올리브오일 1큰술을 두르고, 닭고기를 껍질이 아래로 가게 올린다. 껍질에 구운 색이 나면 뒤집어서 소금·검은 후추를 조금씩 뿌린다. 화이트와인을 붓고 뚜껑을 덮어(사진a) 불을 끈다. 1분간 뜸을 들인 후 꺼낸다.

5　4의 프라이팬에 있는 국물을 컵 등에 옮기고 뜨거운 물을 부어 2컵을 만든다(사진b). A를 섞고 잘 저어 맛을 본 후 소금을 조금 넣는다.

6　프라이팬에 올리브오일 2큰술을 둘러 달군 후 마늘을 넣고 볶다가, 향이 나면 양파를 넣고 중불에 볶는다. 토마토를 가볍게 으깨면서 볶다가, 올리브오일 1큰술과 쌀을 넣고 가볍게 볶은 후(사진c) 불을 끈다.

7　쌀을 평평하게 고르고, 새우와 닭고기를 가볍게 섞는다. 채소와 은대구를 올리고 5를 둘러서 붓는다(사진d). 센불에 끓이다가 뚜껑을 덮어 약불로 17~19분 국물이 없어질 때까지 끓인다. 마지막에 센불로 1분간 가열하고 불을 끈 후 5분간 뜸을 들인다. 기호에 따라 레몬을 곁들인다.

타이카레

코코넛의 풍미와 허브, 향신료를 넣어 만든 이 카레는
남편이 너무나 좋아하는 것으로, 일년 내내 정말 자주 만든다.
그래서 나는 정원에 고수와 레몬그라스를 기르고 있다.
신선한 허브를 사용하면 마치 태국에서 먹는 것처럼 느껴진다.

재료 4인분

E 880kcal T 25분

- 새우(머리 제거/껍질째) 10~12마리(250g)
- 닭다릿살 1장(250g)
- 아쓰아게[*1] 2장(240g)
- 데친 죽순(소) 1개(80g)
- 껍질콩 1봉지(100g)
- 가지 3개
- 마늘 1쪽
- 생강 1쪽
- 치킨스톡[*2] 2컵
- 가레루(플레이크 타입)[*3] 2~3큰술
- A | 고수줄기 2~3줄기
    | 레몬그라스 2~3줄기
    | 카피르라임잎(건조)[*4] 2~3장
    | 홍고추(씨 제거) 2개
- 코코넛밀크 1캔(400㎖)
- 남플라 1~1.5큰술
- 밥[*5] 적당량
- 고수잎 취향대로
- 좋아하는 절임류 취향대로
- 식용유 · 소금 · 후추

[*1] p.62 참조.
[*2] 과립 치킨스톡(중화풍) 2작은술을 뜨거운 물 2컵에 녹인다.
[*3] 없으면 고형 타입을 칼로 잘게 다져도 된다.
[*4] 카피르라임잎은 태국어로 바이마크루라고 부르는 허브이다. 레몬과 비슷한 상쾌한 향이 특징이다.
[*5] 태국쌀이 있으면 사용한다. 포장지의 설명대로 밥을 짓는다.

1 새우는 껍질과 꼬리를 제거한다. 등에 칼집을 넣어 등쪽 내장을 빼낸 후, 살짝 잘라 펼친다. 닭고기는 한입크기로 자른다. 아쓰아게에 끓는 물을 부어 기름기를 제거하고, 3㎝ 크기로 깍둑썬다.

2 죽순은 4~5㎝ 길이로 얇게 썰고, 껍질콩은 섬유질을 제거해 어슷하게 반으로 썬다. 마늘과 생강은 껍질을 벗겨 으깬다. 고수는 잎과 줄기를 나눈다. 가지는 세로로 반을 자른 후, 길이를 반으로 자르고 세로로 2~3 등분한다.

3 깊은 프라이팬에 식용유 2큰술을 둘러 달군 후, 센불에 가지를 볶는다. 가지의 가장자리가 투명해질 때까지 볶다가 꺼낸다.

4 같은 프라이팬에 식용유를 알맞게 넣어 새우를 볶다가 소금·후추를 조금씩 뿌리고 꺼낸다. 이때 속까지 익히지 않아도 된다.

5 같은 프라이팬에 식용유를 알맞게 넣어 센불에 달군 후, 마늘과 생강을 볶는다. 향이 나면 닭고기를 볶고, 죽순과 껍질콩을 잘 볶는다. 치킨스톡과 카레루를 넣고 섞으면서 잘 풀어준다.

6 끓으면 **3**의 가지, 아쓰아게, A, 코코넛밀크를 넣고 뚜껑을 덮어 중불에서 10~12분 끓인다.

7 가지가 부드러워지면 **4**의 새우를 넣고, 남플라로 간을 한 후 불을 끈다.

8 접시에 카레를 담고 밥, 고수잎, 좋아하는 절임반찬을 곁들인다.

재료들은 의외로 친숙하다. 허브나 향신료를 구할 수 없으면 생략해도 괜찮다.

전자레인지 오곡영양밥

영양밥을 만들 때는 보통 찜기를 사용한다.
전자레인지로 만든다고 했더니 친구는 믿지 않았지만,
짧은 시간에 쫄깃쫄깃하고 정말 맛있게 완성된다.
우리집에서는 항상 이렇게 만든다.
갑작스럽게 손님이 올 때도 마음 편히 준비할 수 있어 도움이 된다.

재료 4인분
E 320kcal T 30분*

찹쌀 400㎖(2컵)
육수(가리비관자 통조림국물과 합친 것) 1컵
A │ 청주·맛술·연간장 1큰술씩
  │ 소금 1/2작은술
가리비관자(통조림) 1캔(건더기 55g)
당근(가는 것) 1/2개(100g)
백만송이버섯 1팩(100g)
데친 죽순(소) 1개(80g)
유부 1장
산초잎 취향대로

* 찹쌀을 물에 담그는 시간은 제외한다.

1 찹쌀은 씻어서 20~30분 물에 담갔다가 체에 건져 물기를 뺀다. 당근은 껍질을 벗겨 3~4㎜ 두께로 동그랗게 썬다. 백만송이버섯은 밑동을 잘라내고 송이를 작게 나눈다. 죽순은 세로로 길게 반으로 잘라 3~4㎜ 두께로 얇게 썬다. 유부는 뜨거운 물에 살짝 담갔다가 꺼내 기름기를 제거하고, 가볍게 짜서 가로로 반 자른 후 5㎜ 너비로 가늘게 썬다. 가리비관자는 통조림국물을 따라내는데, 국물은 따로 보관한다.
2 가리비관자 통조림국물과 합친 육수에 A를 넣고 섞는다.
3 큰 내열볼에 1의 찹쌀을 넣고, 백만송이버섯과 가리비관자를 얹어 2를 붓는다. 랩을 살짝 씌워서 전자레인지(600W)로 8~9분 가열한다.
4 전자레인지에서 꺼낸 밥을 재빨리 섞은 후 당근, 죽순, 유부를 넣고 가볍게 섞는다. 다시 랩을 씌워 전자레인지로 4~5분 가열한다.
5 전자레인지에서 꺼내 전체를 가볍게 섞고, 랩을 씌워 그대로 약 5분간 뜸을 들인다. 접시에 담고, 취향에 따라 산초잎을 올린다.

집 안 곳곳에 크고 작은 꽃을 장식한다

남은 꽃이나 줄기가 꺾인 꽃은 키 작은 유리잔에 꽂아서 활용한다.

레이스플라워처럼 부드럽고 옆으로 넓게 퍼지는 스타일의 꽃을 한 종류만 넣어도 공간이 넓어 보이고 훨씬 화려해진다.

언제나 집에 꽃이 떨어지지 않게 하려고 신경쓰기에 손님이 올 때도 특별하게 꾸미지 않아도 된다. 계절마다 피는 꽃을 나름대로 자연스러운 분위기로 살리는 정도이다. 메인 식탁은 꽃을 비교적 큰 화기에 꽂아 장식하고, 남은 꽃은 작은 화기나 잔에 꽂아 현관이나 실내 이곳저곳에 장식하여 즐긴다.

데리야키치킨 마제스시

지라시스시라고도 하는 이 마제스시는 재료를 미리 준비해놓을 수 있어서 자주 만든다.
직접 만드는 단촛물을 기억해두면 간편하게 초밥을 만들 수 있으므로
손님 접대는 물론, 평소 식사에서도 초밥을 즐길 수 있다.
시간이 없을 때는 데리야키치킨으로만 덮밥을 만들고, 간단한 국을 곁들이면 맛있는 한끼가 된다.

재료 4인분
E 550kcal T 45분*
쌀 400㎖(2컵)
단촛물
  식초 1/2컵
  설탕 2큰술
  소금 1작은술
유자즙(또는 영귤) 1큰술
데리야키치킨
  닭다릿살 1장(300g)
  소금·식용유 조금씩
  A | 간장 1큰술
    | 맛술·설탕 1작은술씩
달걀지단
  달걀 2개
  B | 설탕 1큰술
    | 청주 1/2큰술
    | 소금 조금
  식용유 조금
오이 1개
푸른차조기 10장
참깨 1큰술
구운 김가루 적당량

* 쌀을 씻어서 체에 건져 물기를 빼는 시간,
밥을 짓는 시간, 한김 식히는 시간은 제외한다.

1 쌀은 씻어서 체에 건지고 약 15분간 두어 물기를 뺀다. 밥솥에 넣고 물 2컵을 부어 평소처럼 밥을 짓는다. 단촛물 재료를 골고루 섞는다. 갓 지은 밥을 볼에 담고 단촛물을 부어 주걱으로 자르듯이 섞어 한김 식힌 후, 유자즙을 넣고 섞는다(아래 사진).

2 데리야키치킨을 만든다. 닭고기의 지방이 신경쓰이면 잘라낸다. 껍질을 포크로 찔러 구멍을 내고 소금을 가볍게 뿌린다. A는 섞어둔다.

3 프라이팬에 식용유를 조금 둘러 달구고, 닭고기를 껍질쪽부터 올려 센불에 굽는다. 구운 색이 나면 뒤집어서 뚜껑을 덮고, 약불로 4~5분 굽는다. 불을 끄고 닭고기를 꺼낸 후, 키친타월로 여분의 기름기를 닦아낸다. A를 넣고 다시 중불에 올린다. 보글보글 끓으면 약불로 줄이고 다시 닭고기를 넣어 2~3분 조린다. 닭고기는 뜨거울 때 꺼내 한김 식히고 1.5㎝ 크기로 깍둑썰어 트레이에 담는다. 프라이팬에 남은 양념을 닭고기와 같이 버무린다.

4 달걀지단을 만든다. 볼에 달걀을 깨서 풀고, B를 골고루 섞은 후 체에 내린다. 작은 프라이팬에 식용유를 둘러 중불에 달구고 키친타월로 기름을 펴바른 후, 달걀물의 1/4을 부어 얇게 부친다. 구운 색이 나지 않게 양면을 부친다. 나머지 3장도 같은 방법으로 부친다. 작은 프라이팬을 사용하면 뒤집기 편하고 찢어지지 않으면서 얇게 부칠 수 있다.

5 4가 한김 식으면 반으로 잘라 가늘게 채썰고, 손으로 부드럽게 풀어놓는다.

6 오이는 세로로 반을 잘라 스푼으로 씨를 긁어내고, 5㎜ 크기로 깍둑 썬다. 푸른차조기는 세로로 반을 잘라 가늘게 채썬다.

7 **1**의 초밥에 **3**과 오이를 넣어 섞고, 이어서 참깨와 푸른차조기를 넣어 가볍게 섞은 후 접시에 담는다. 김가루를 뿌리고, 달걀지단을 올린다.

나는 단촛물과 감귤류의 즙을
섞는 것을 좋아한다. 향이 좋은
산뜻한 초밥이 된다.

마음대로 토핑 소면

우리집에서는 여름 동안 주말마다
점심으로 소면을 먹는다.
남편이 너무나 좋아하는
이 멘쓰유와 참깨소스의 맛은
여러 번 만들어서 완성한 것이다.
소스와 고명을 고민하면
소면으로도 즐겁게 손님을 대접할 수 있다.

멘쓰유* 만드는 방법 3컵(조금 적게) 분량

1 냄비에 얇은 가다랑어포 30g, 간장 1/2컵, 맛술 5큰술, 물 2컵, 설탕 1작은술을 넣어 가열한다. 끓어오르면 약불로 줄여 3분 정도 더 끓인다.
2 식을 때까지 그대로 둔 후 체에 내린다. 냉장고에 넣어 식힌다.

* 국수용 맛간장.
※ 냉장고에 5일간 보관할 수 있다.

참깨소스 만드는 방법 약 1컵 분량

볼에 빻은 참깨(흰색) 1/2컵을 넣고, 간장 2~2.5 큰술, 설탕·맛술(알코올이 신경쓰이면 끓여서 사용) 1큰술씩, 육수 3~4큰술을 순서대로 넣어 골고루 섞는다.

※ 냉장고에 5일간 보관할 수 있다.

토핑 만드는 방법

팽이버섯조림 4인분
E 45kcal   T 20분

1 팽이버섯(대) 2봉지(400g)는 밑동을 잘라내고 1㎝ 길이로 썰어 가닥을 나누어 놓는다.
2 냄비에 간장 3큰술과 맛술 2큰술을 넣어 끓이다가 팽이버섯을 넣는다.
3 섞으면서 한소끔 끓인 후, 부드러워지면 불을 끄고 그대로 잠시 두어 맛이 배게 한다.

닭가슴살 마늘간장구이 4인분
E 90kcal   T 20분

1 닭가슴살 6장은 힘줄을 제거해 연간장 1큰술과 간 마늘 1/2작은술로 버무려서 수분을 흡수할 때까지 약 5분간 둔다.
2 프라이팬에 식용유를 조금 둘러 달구고, **1**의 가슴살을 양면이 노릇해지도록 굽는다. 속까지 익으면 꺼내 한김 식힌다.
3 결대로 손으로 잘게 찢어서 풀어놓는다.

오크라 오징어 낫토 2인분
E 100kcal   T 10분

1 오크라 10개는 꽃받침 부분을 잘라내고, 소금을 조금 넣은 뜨거운 물에 살짝 데쳐 찬물로 헹군다. 물기를 꼭 짜서 굵게 다진다.
2 오징어(횟감/채썬 것) 1마리 분량을 다진다.
3 오크라, 오징어, 낫토(으깬 제품) 1팩(40g)을 그릇에 넣어 잘 섞는다.

재료 2인분
E 590kcal   T 15분
소면 2~3사리
토핑(오른쪽 참고)
  팽이버섯조림 적당량
  닭가슴살 마늘간장구이 적당량
  오크라 오징어 낫토 적당량
고명
  양하·실파·푸른차조기·생강·참깨·구운 김 적당량씩
멘쓰유(오른쪽 참고)·참깨소스(오른쪽 참고) 적당량씩

1 고명을 준비한다. 양하와 실파는 잘게 썰고, 푸른차조기는 채썬다. 생강은 강판에 갈고, 참깨는 가볍게 빻는다. 구운 김은 손으로 부순다.
2 소면을 삶는다. 냄비에 물을 넉넉히 부어 끓이고, 소면 포장지에 표시된 시간만큼 삶는다. 흐르는 물에 헹궈 물기를 완전히 뺀다.
3 소면을 접시에 담고, 토핑과 고명을 각각 접시에 담는다. 좋아하는 토핑이나 고명을 각자 접시에 담고, 소면과 함께 멘쓰유나 참깨소스에 찍어 먹는다.

도미밥

우리집에서는 도미 한 마리를 통째로 넣고
질냄비에 고슬고슬하게 도미밥을 짓는다.
도미를 노릇노릇 굽기만 해도 고소함이 살아나
실패 없이 누구나 잘 만들 수 있다.
급할 때는 토막으로 만들어도 괜찮다.
죽순참깨국과 잘 어울린다.

재료 4인분
E 390kcal T 50분 [*1]
도미 1마리(300~400g) [*2]
쌀 400㎖(2컵)
다시마(10×5㎝) 1장
A │ 연간장 1큰술
  │ 청주 1큰술
  │ 맛술 1큰술
절임반찬 취향대로
소금

[*1] 다시마를 물에 담가두는 시간, 쌀을 체에 건져 물기를 빼는 시간은 제외한다.
[*2] 길이 25㎝ 정도로, 비늘과 내장을 제거한 것. 2토막을 사용해도 좋다.

1 다시마는 물기를 꼭 짠 젖은 면보로 깨끗이 닦아 약 2컵의 물에 30분 정도 담가둔다.
2 쌀은 씻어서 체에 건져 약 15분간 둔다.
3 도미는 양면에 소금을 뿌린다(소금은 양면에 1작은술을 사용).
4 달군 석쇠나 생선구이그릴로 도미의 양면에 구운 색이 나게 굽는다. 속까지 푹 익히지 말고 겉만 구워도 좋다. 구우면 고소함이 더욱 살아난다.
5 A를 섞고, 1의 다시마 국물을 더해 2컵을 만든다. 소금 1/2작은술을 넣어 간을 한다.
6 질냄비에 쌀을 넣고, 가운데에 1의 다시마를 놓고 그 위에 도미를 올린다. 5를 붓고 뚜껑을 덮어 센불로 가열한다.
7 뚜껑을 열어 끓는 것을 확인한 다음, 다시 뚜껑을 덮고 약불에 약 10분간 끓인다. 마지막 30초~1분을 센불로 하면 누룽지가 적당히 생기고 고소함이 더욱 살아난다. 불을 끄고 약 10분간 뜸을 들인다.
8 뚜껑을 열고 다시마를 꺼낸 후, 도미의 뼈를 정성껏 발라낸다. 도미살을 헤쳐서 주걱으로 밥과 살살 섞어 그릇에 담는다. 절임반찬을 취향에 따라 곁들인다.

죽순참깨국 만드는 방법

재료 2인분
E 210kcal　T 20분
데친 죽순(밑동 부분) 100g
참깨 50g
육수 2컵
산초잎 적당량
미소된장

1　프라이팬에 참깨를 넣고 약불~중불에 향이 날 때까지 볶는다. 절구에 넣고 잘 빻는다. 참깨 입자가 없어질 때까지 정성껏 빻는다.
2　죽순은 반달모양(또는 은행잎모양)으로 썬다.
3　냄비에 육수를 부어 중불로 끓인 후, 따뜻할 때 미소된장 2큰술을 풀고 1을 넣는다. 절구에 국물을 부은 후 냄비에 다시 넣어, 절구에 남은 참깨도 남김없이 사용한다.
4　2를 넣고 다시 데워 그릇에 담고, 산초잎을 띄운다.

캘리포니아롤

이 초밥은 내가 처음
영어로 외국분들에게 소개한 것이다.
이것을 만들 때마다,
익숙하지 않은 영어 때문에
고생했던 기억이 난다.
보통의 김밥과는 반대로
김이 안쪽에, 밥을 바깥쪽으로 마는데,
마지막에 깨를 듬뿍 묻혀서 완성한다.
외국사람들도 먹기 좋게
속재료는 생선회가 아니라
아보카도나 게살을 사용한다.
1인분씩 작은 찬합에 담아보았다.

재료 6줄 분량
E 460kcal(게맛살아보카도/1줄 분량)
E 300kcal(오이/1줄 분량)
T 50분 *1
쌀 400㎖(2컵)
단촛물
　　식초 1/2컵
　　설탕 2큰술
　　소금 1작은술
영귤즙 1개 분량(1큰술)
게맛살 9개
아보카도 1개
푸른차조기 11~14장
미니오이 *2 6개
구운 김(김밥용) 3장
참깨·검은깨 적당량씩
고추냉이(간 것) 적당량
마요네즈·간장

*1 쌀을 체에 건져 물기를 빼는 시간,
밥 짓는 시간은 제외한다.
*2 길이 10㎝ 정도의 작은 오이. 구할 수 없으면
두꺼운 오이를 가늘게 4등분하여 사용한다.

1　쌀은 씻어서 체에 건져 약 15분간 둔다. 밥솥에 넣고, 같은 양의 물을 부어 밥을 짓는다.
2　단촛물을 만든다. 볼에 식초를 넣고, 설탕과 소금을 넣어 녹을 때까지 잘 섞는다.
3　갓 지은 밥에 2의 단촛물을 넣고 주걱으로 자르듯이 섞는다. 영귤즙을 넣고 다시 섞는다.
4　게맛살아보카도롤을 만든다. 아보카도는 씨와 껍질을 제거하고, 웨지모양으로 8~10등분한다. 푸른차조기 5장을 세로로 반 자른다. 구운 김은 반으로 자른다. 종이호일을 구운 김보다 조금 더 크게 자른다.
5　김발에 종이호일을 깔고 구운 김을 얹는다. 초밥의 1/6을 김의 가장자리까지 넓고 평평하게 펴고(사진 a) 뒤집는다(사진 b).
6　구운 김의 중심보다 조금 앞쪽에 아보카도를 한 줄로 올린다. 자른 푸른차조기 3~4장을 겹쳐서 올린다. 마요네즈 약 1작은술을 길게 짠 다음(사진 c), 게맛살 3개를 줄지어 얹는다. 아보카도와 게맛살은 양끝이 조금 삐져나오게 구운 김에 나란히 올린다. 속재료를 한 바퀴 감싸고(사진 d), 이음매를 아래쪽으로 놓고 가볍게 눌러준다.
7　종이호일이 말리지 않게 잡으면서 끝까지 만다(사진 e, f).
8　접시에 참깨를 넓게 펴고 7을 천천히 굴려 골고루 묻힌다(사진 g). 나머지 2줄도 같은 방법으로 만든다.
9　오이롤을 만든다. 5와 같은 방법으로 만드는데, 구운 김의 중심에 푸른차조기 2~3장을 올리고(푸른차조기를 자르지 않는다), 오이 2개를 나란히 올린다. 가장자리에 삐져나온 오이는 잘라낸다. 속재료를 한 바퀴 감싸고 이음매를 아래쪽으로 놓고 가볍게 눌러준 후, 7과 같은 방법으로 말고, 8과 같은 방법으로 검은깨를 묻힌다. 나머지 2줄도 같은 방법으로 만든다.
10　말아놓은 각각의 롤을 1줄당 각각 6등분한다(먼저 가운데를 2등분하면 자르기 쉽다). 모양이 망가지지 않게 잘 드는 칼로 조심스럽게 자른다. 중간중간 물을 적셔서 꼭 짠 면보로 칼날을 닦으면 자르기 쉽다. 접시에 담고, 고추냉이와 간장을 알맞게 곁들인다.

a

b

c

d

e

f

g

특별한
준비 없이
만드는 간식

내가 과자를 만들기 시작한 것은 아이가 태어나면서부터이다. 조금이라도 안심할 수 있고 안전한 간식을 먹이고 싶다는 생각에서였지만, 과자 만들기는 제대로 공부해본 적이 없어서 친구들에게 물어보거나 책을 보며, 스스로 할 수 있는 것들만 만들어 왔다.

아이들은 언제나 「지금 먹고 싶어.」라고 말하기 때문에, 바로 만들 수 있는 간단한 것들뿐이다. 그래도 맛있다고 말해주는 것들을 계속해서 만들어 왔다. 지금은 손주들이 놀러 오는 날, 쿠키나 팬케이크를 굽는 일이 즐겁다.

나의 과자는 특별한 것을 준비하지 않아도 만들 수 있기 때문에, 만들고 싶다는 생각이 들 때 바로 만들어보자. 그러고 보니, 오래 전 내가 만든 치즈케이크에 「실패하지 않는 치즈케이크」라는 이름을 붙였었다.

진하고 부드러운 푸딩

아이들도 정말 좋아하는 푸딩을
다양한 맛으로 만들어 왔다.
이 푸딩은 굽지 않고
젤라틴으로 굳히는 타입이라서
손쉽게 만들 수 있다.
녹진한 식감을 만들기 위해,
굳기 직전의 부드러운 상태로 만들고 있다.
식사 후에 내놓으면 모두들 너무 좋아한다.

재료 4~6개 분량
E 230kcal(1개 분량) T 30분*

푸딩
- 젤라틴가루 1봉지(5g)
- 달걀 2개
- 달걀노른자 3개 분량
- 우유 1.5컵
- 그래뉴당 50g
- 바닐라빈 1/2줄기
- 생크림 1/2컵

캐러멜소스
- 그래뉴당 50g
- 물 1작은술
- 뜨거운 물 1/4컵

* 냉장고에 넣어두는 시간은 제외한다.

1 작은 용기에 물 2큰술을 넣는다. 젤라틴가루를 뿌려 넣고, 가볍게 섞어 젤라틴을 불린다.

2 냄비에 우유와 그래뉴당을 넣는다. 바닐라빈은 껍질에 칼집을 내서 씨를 빼낸다. 껍질과 씨를 냄비에 넣고 약한 중불에 가열한다.

3 끓기 직전까지 가열한 후 불을 끄고, **1**의 젤라틴을 넣어 녹인 다음 생크림을 섞는다.

4 볼에 달걀과 달걀노른자를 넣고, 거품기로 거품이 나지 않게 조심스럽게 섞는다.

5 **4**에 **3**을 따뜻할 때 넣어 골고루 섞는다. 고운 체 등에 한 번 내려서 부드럽게 만든다.

6 볼에 얼음물을 담고, **5**를 볼째 올려 천천히 섞으면서 식힌다. 살짝 걸쭉해지면 그릇에 옮겨 담고, 냉장고에서 3시간 이상 차게 하여 굳힌다. 오븐을 사용하지 않기 때문에 그릇은 내열용기가 아니어도 좋다.

7 캐러멜소스를 만든다. 작은 냄비에 그래뉴당과 분량의 물을 넣고 약불에 가열한다. 색이 조금 나면 냄비째 흔들면서 캐러멜 색이 날 때까지 약불로 2~3분 가열한다. 불을 끄고, 분량의 뜨거운 물을 2~3번에 나누어 넣는다(튀기 쉬우므로 주의). 냄비를 흔들어 고루 섞은 후, 실온이 될 때까지 식힌다. 먹기 직전에 굳어진 푸딩에 얹어서 완성한다.

폭신폭신 팬케이크

아이들이 어렸을 때는, 주말 아침에 팬케이크를 만들었다.
몇 년 전, 반죽에 물기를 뺀 요거트를 넣으면
폭신폭신하게 구워진다는 비법을 알게 된 후,
이 레시피가 우리집의 단골메뉴가 되었다.
버터와 메이플시럽을 듬뿍 얹어 먹으면
아침부터 힘이 난다.

재료 지름 12㎝ 4장 분량
E 230kcal(1장 분량)　T 30분*
A │ 박력분 100g
　│ 베이킹파우더 1작은술
달걀 2개
그래뉴당 30g
플레인요거트(무가당) 1/2컵
우유 1/4컵
슈거파우더 적당량
메이플시럽 취향대로
식용유·버터

* 요거트의 물기를 제거하는 시간은 제외한다.

밑준비
• 볼에 체를 얹고 키친타월을 깐 후, 요거트를 붓는다. 랩을 씌워 냉장고에 하룻밤 넣어두어 수분을 제거한다. 당일 물기를 뺄 경우에는 1시간 이상 두면 된다.

1 달걀은 노른자와 흰자를 분리한다.
2 노른자에 그래뉴당의 1/3을 넣고 거품기로 잘 저어서 섞는다. 물기를 뺀 요거트와 우유를 넣고, 다시 골고루 섞는다.
3 **2**에 A의 가루를 모두 체로 쳐서 넣고, 고무주걱으로 섞는다.
4 달걀흰자에 나머지 그래뉴당을 넣고, 핸드믹서 또는 거품기로 뿔이 설 정도로 거품을 낸다.
5 **3**에 **4**의 1/3을 넣고 재빨리 섞는다. 여기에 나머지 **4**를 넣고, 거품이 꺼지지 않게 가볍게 섞는다.
6 작은 프라이팬을 불에 올리고 식용유 또는 버터를 알맞게 넣어 달군 후, **5**의 반죽 1/4을 넣는다. 불을 줄이고 가장자리가 구워지면 뒤집어서 속까지 익힌다. 나머지 3장도 같은 방법으로 굽는다.
7 굽자마자 접시에 담고 버터를 알맞게 올린 후 슈거파우더를 뿌린다. 취향에 따라 메이플시럽을 뿌린다.

취향에 따라 삶은 달걀과 생햄 등을 곁들여도 좋다.

실패하지 않는 치즈케이크

내가 계속해서 만들어온 「실패하지 않는」 이 치즈케이크는,
재료를 순서대로 섞기만 하면 되므로 누구나 잘 만들 수 있다.
이 치즈케이크는 뒷맛이 가벼워 단 음식을 좋아하지 않는 사람들에게도
인기가 있다. 냉동해도 맛이 변하지 않아 우리집에서는 만들어서
저장한다. 손님이 갑자기 올 때도 바로 내놓을 수 있어서 아주 편하다.
선물할 때는 항상 허브부케를 곁들여 드린다.

재료 지름 18cm 바닥분리형 틀 1개 분량
E 2910kcal(전량)   T 1시간 10분*1
크림치즈 200g
비스킷(전립분 타입) 100g
버터*2 30g
그래뉴당 1/2컵(90g)
달걀 2개
생크림 1컵
박력분 3큰술
레몬즙 1큰술
슈거파우더 적당량

*1 케이크의 남은 열을 제거해 식히는 시간은 제외한다.
*2 무염버터나 가염버터, 모두 괜찮다.

오븐의 기종에 따라 구워지는 정도가 다르므로, 굽는 시간은 상태를 보면서 표면이 옅은 갈색이 될 정도로 조절한다. 꺼내서 식히면 가운데가 움푹 들어간다.

밑준비
- 크림치즈는 볼에 담아 실온에 둔다.
- 버터도 실온에서 부드럽게 만든다.
- 틀의 바닥과 옆면에 오븐용 종이를 깐다.
- 오븐은 160~170℃로 예열한다.

1 비스킷을 비닐봉지에 넣고 절구방망이 등으로 두들겨 거칠게 부순 후, 버터를 넣어 섞는다.

2 1을 틀 바닥에 깔고, 비닐봉지를 뒤집어 손을 넣고 위를 누르면서 넓게 편다. 냉장고에 넣어둔다.

3 크림치즈를 핸드믹서로 부드러워질 때까지 섞는다. 그래뉴당, 달걀을 순서대로 넣고 하얗게 될 때까지 골고루 섞는다.

4 생크림을 넣고 끈기가 생길 때까지 잘 섞는다.

5 박력분을 체에 쳐서 넣고 고무주걱으로 가볍게 섞은 후, 레몬즙을 넣어 다시 섞는다.

6 틀에 붓는다. 틀을 작업대에 2~3번 가볍게 떨어뜨려 공기를 빼고 베이킹팬에 올린다. 160~170℃로 예열한 오븐에 40~45분 굽는다.

7 구운 후 오븐에서 꺼내 한김 식히고, 틀에서 분리해 식힌다. 차거름망으로 슈거파우더를 뿌리고, 먹기 좋게 잘라 접시에 담는다.

사과 디저트피자

조금 달달한 게 먹고 싶을 때는 시판 반죽으로 이런 피자를 만든다.
사과의 달콤새콤함에 블루치즈의 짭조름함을 더한,
어른들이 좋아하는 맛으로.
꿀의 달콤함이 화이트와인과 잘 어울린다.

식감이 중요하므로, 사과는 겹치지 않게 나란히 올린다. 사과가 남으면 무리해서 올리지 말고 그냥 먹자.

재료 지름 22cm 1장 분량
E 440kcal(전량) T 20분
피자용 시트(시판/얇은 시트) 1장
사과 1/2개
고르곤졸라치즈 1큰술(20g)
꿀 2작은술
그래뉴당 1큰술
버터

밑준비
• 오븐은 250℃로 예열한다.

1 피자용 시트는 오븐에 4~5분 구워, 구운 색이 살짝 나게 한다.
2 버터 10g(조금 적게)을 작게 깍둑썬다. 사과는 껍질째 잘 씻어 씨를 제거하고 웨지모양으로 얇게 썬다.
3 오븐용 종이에 **1**을 깔고, **2**의 사과를 방사형으로 올린다.
4 **2**의 버터를 시트의 가장자리를 따라 나란히 올리고(위 사진), 고르곤졸라치즈를 작게 잘라 전체에 뿌린다.
5 꿀을 두르고, 그래뉴당을 전체에 뿌린다. 250℃의 오븐에 넣어 약 10분간, 표면에 구운 색이 나게 굽는다.

스파이스 시폰케이크

촬영장에 가져가는 간식이나 선물로도 자주 굽는다. 자신있게 선보일 수 있는 케이크다. 단맛을 줄이고 스파이스를 듬뿍, 와인에도 잘 어울리는 지금도 내 마음의 버팀목이 되고 있다. 맛있게 잘 만들고 싶다는 그 생각만으로 시폰케이크를 계속 만든 것이 이 시폰케이크는 요리연구가가 되기 전부터 지금까지 수없이 만들어 왔다.

재료 지름 21cm 시폰틀 1개 분량
E 2100kcal(전량)　T 1시간 10분 *1
박력분 120g
베이킹파우더 2작은술
달걀(대) 6개 *2
그래뉴당 130g
A*3 │ 시나몬파우더 가루 1/2큰술
　　│ 올스파이스 1작은술
　　│ 정향가루 1작은술
　　│ 캐러웨이씨 1큰술
슈거파우더 취향대로
식용유

*1 식히는 시간은 제외한다.
*2 중간 크기면 7개를 사용한다.
*3 아래 사진을 참고한다.

왼쪽 위에서부터 시계방향으로 정향가루, 시나몬파우더, 올스파이스, 캐러웨이씨.

밑준비
· 오븐은 170℃로 예열한다.

1 달걀은 노른자와 흰자를 분리한다.

2 달걀노른자를 풀어주고, 그래뉴당의 1/2을 넣어 거품기로 끈기가 생길 때까지 잘 젓는다. 식용유·물 1/3컵씩을 순서대로 넣고 잘 섞는다.

3 박력분, 베이킹파우더를 합쳐 체로 치고, **2**에 넣어 가볍게 섞는다. A의 스파이스를 넣고, 반죽이 부드러워질 때까지 거품기로 잘 섞는다.

4 다른 볼에 달걀흰자를 넣고 핸드믹서로 살짝 거품을 낸 후, 나머지 그래뉴당을 넣고 뿔이 설 정도로 단단하게 거품을 낸다(사진 a).

5 **3**에 **4**의 1/3을 넣고 고무주걱으로 잘 섞는다. 남은 **4**를 두 번 정도 나누어 넣고, 머랭이 꺼지지 않고 하얀 부분이 없어질 때까지 재빨리 섞는다(사진 b).

6 반죽을 조금 높이 들고 시폰틀에 붓는다(사진 c). 틀을 2~3번 툭툭 바닥에 쳐서 공기를 뺀다. 170℃의 오븐에 넣고 40~50분 굽는다.

7 오븐에서 꺼낸 케이크 속의 증기로 더 익지 않게 틀을 거꾸로 뒤집어 틀 가운데를 컵 위에 올려 놓는다(사진 d). 몇 시간 두어 완전히 식힌다. 식힌 후 틀째로 오래 둘 경우에는 표면에 랩을 살짝 덮는다.

8 틀 옆면에 칼을 찔러 넣고 틀이 긁히지 않게 조심하면서 한 바퀴 돌려 틀을 빼낸다. 같은 방법으로 가운데 둘레와 바닥 부분에도 칼을 찔러 넣어 틀을 분리한다. 기호에 따라 슈거파우더를 차거름망으로 뿌리고, 잘라서 먹는다.

나의 첫 시폰케이크

집 근처에 살던 독일인 선교사의 부인이 가르쳐준 것이 나와 시폰케이크와의 첫 만남이다. 보통 케이크보다도 훨씬 더 크고, 가운데에 구멍이 뚫려 있으며, 폭신폭신한 식감……. 「이런 케이크가 있었네!」 하고 놀랐던 기억이 선명하다. 아직 시폰틀이 판매되지 않을 때여서 틀을 주문제작하고, 몇 번이나 반복하여 연습했다. 지금도 오랫동안 사용해온 큰 틀을 애용하고 있다.

초콜릿 브라우니

런던에 있는 시장에 갔을 때 만난 브라우니를
잊지 못하고 몇 번이나 만들어봤는데,
이제야 내가 좋아하는 맛이 되었다.
조금 진해서 어른스러운 맛.

재료 15×15cm 사각틀 1개 분량
E 3020kcal (전량)　T 1시간 *1

초콜릿(비터) 150g
호두(구운 것) *2 50g
버터(무염) 100g
그래뉴당 120g
달걀 2개
아몬드파우더 50g
A | 박력분 40g
　| 코코아파우더 10g
코코아파우더 취향대로

*1 식히는 시간은 제외한다.
*2 생호두의 경우에는 160℃의 오븐에서 5분간 굽는다.

밑준비
- 버터는 실온에 두어 부드럽게 만든다.
- 오븐은 160℃로 예열한다.
- 틀 안쪽에 오븐용 종이를 깐다.

1　초콜릿을 부수어 볼에 담고 중탕으로 녹인다. 또는 내열용기에 담아 랩을 씌우고 전자레인지(600W)에서 약 1분간 녹여도 좋다.

2　호두는 굵게 다진다.

3　볼에 버터를 넣고 부드럽게 풀어준 후, 그래뉴당을 넣고 거품기로 하얗게 변할 때까지 섞는다.

4　달걀을 1개씩 넣어 잘 섞은 후, 1의 초콜릿을 섞는다.

5　아몬드파우더를 넣어 섞고, A를 합쳐 체로 쳐서 넣고 고무주걱으로 가볍게 섞는다. 가루가 남아 있을 때 호두를 넣고, 전체를 가볍게 섞는다.

6　틀에 붓고 표면을 평평하게 다듬는다. 작업대에 면보를 깔고, 틀을 약간 들어서 작업대에 가볍게 떨어뜨려 공기를 뺀다.

7　160℃의 오븐에 넣고 35~40분 굽는다. 표면이 약간 부드러운 상태로 구워지지만, 식으면 브라우니가 촉촉하게 안정된다.

8　다 구워지면 오븐에서 꺼내 한김 식힌다. 틀에서 꺼내 식힘망에 올려 식히고, 랩 등으로 덮어 촉촉하게 만든다. 좋아하는 크기로 자르고, 코코아파우더를 취향대로 뿌린다.

러시안쿠키

우리집 근처에 있던 케이크 가게에서
가장 좋아하던 쿠키를 따라서 만들어보았다.
가운데에 잼을 얹어 구운 사랑스러운 쿠키다.
갓 구워도, 식어도, 식감이 달라서 모두 맛있어요.

재료 약 18개 분량
E 130kcal(1개 분량)　T 45분*
버터　120g
그래뉴당　80g
달걀　1개
우유　1큰술
A ┃ 박력분　200g
　 ┃ 베이킹파우더　1작은술
라즈베리잼(또는 좋아하는 잼)　적당량

* 쿠키를 식히는 시간은 제외한다.

밑준비
- 버터는 볼에 담아 실온에 두어 부드럽게 만든다.
- 베이킹팬에 오븐용 종이를 깐다.
- 오븐은 170℃로 예열한다.

1　버터는 거품기로 잘 풀어주고, 그래뉴당을 넣어 하얗게 될 때까지 잘 섞는다.
2　달걀을 넣고 다시 잘 섞은 후, 우유를 섞는다.
3　A의 가루를 체로 쳐서 넣고, 가루가 없어질 때까지 고무주걱으로 가볍게 섞는다. 반죽이 너무 부드러우면 냉장고에서 조금 차게 한다.
4　3의 반죽을 별모양깍지를 끼운 짤주머니에 담고, 베이킹팬에 간격을 두고 지름 4~5cm의 동그란 모양으로 짠다. 가운데에 라즈베리잼을 1/2큰술씩 얹고, 잼 주변에 반죽을 짜서 올린다(아래 사진).
5　170℃로 예열한 오븐에 약 15분간 굽다가, 160℃로 내려 약 10분간 더 굽는다. 식힘망 위에 올려 식힌다.

잼을 감싸듯이 둘레에
반죽을 짜서 놓는다.

이 책을 마치면서

저는 항상 레시피를 구상할 때, 가장 먼저 요리를 만드는 사람을 생각합니다. 요리에 익숙하지 않은 사람이 「요리는 참 재미있구나!」, 「이렇게 간단히 만들 수 있구나!」라고 생각하기를 바라면서, 몇 번이고 반복해서 만들어보고 제가 맛있다고 생각하는 맛의 분량을 정확하게 계산해내려고 합니다. 하지만 이것은 하나의 기준일 뿐입니다. 만약 레시피대로 만들어서 맛있게 할 수 있다면, 다음은 자신이 좋아하는 맛, 가족이 좋아하는 맛으로 바꿔보세요. 나름대로 연구를 거듭하는 것이 요리의 즐거움이라고 생각합니다.

저에게 매주 금요일은 냉장고와 냉동고를 정리하는 날입니다. 쓰다 만 식재료나 남은 채소로 요리를 만들거나 주말에 먹을 것들을 준비합니다. 이런 습관도 요리의 즐거움 중 하나이고, 이럴 때 새로운 레시피의 힌트를 찾는 경우도 많습니다.

요리뿐만 아니라 플레이팅도 매우 좋아합니다. 어떻게 담아야 맛있게 먹을 수 있을까를 항상 생각하면서 하고 있습니다.

매일 밥을 제대로 차리는 일은 결코 즐거운 일만은 아니지만, 맛있게 만들려는 마음을 잊지 않으면 어느새 요리가 좋아질지도 모른다고 생각합니다.

열심히 요리하는 것은 가족에게 기쁨을 줄 뿐만 아니라 자신을 위한 일이라고 생각한다면, 지금보다 요리가 좀 더 즐거워질 것입니다.

언제나,
나의 집밥
인기 베스트 104

펴낸이	유재영	**기 획**	이화진
펴낸곳	그린쿡	**편 집**	나진이
지은이	구리하라 하루미	**디자인**	임수미
옮긴이	용동희		

1 판 1 쇄   2020년 5 월 10 일

출판등록   1987 년 11 월 27 일 제 10-149
주소   04083 서울 마포구 토정로 53(합정동)
전화   02-324-6130, 324-6131
팩스   02-324-6135
E- 메일   dhsbook@hanmail.net
홈페이지   www.donghaksa.co.kr/www.green-home.co.kr
페이스북   www.facebook.com/greenhomecook

ISBN   978-89-7190-728-3 13590

- 이 책은 실로 꿰맨 사철제본으로 튼튼합니다.
- 파본 등의 이유로 반송이 필요할 경우에는 구매처에서 교환하시고,
  출판사 교환이 필요할 경우에는 위의 주소로 반송 사유를 적어 도서와 함께 보내주세요.

KYO NO RYORI WATASHI NO ITSUMO NO GOHAN by Harumi Kurihara
Copyright © Harumi Kurihara 2017
All rights reserved.
Original Japanese edition published by NHK Publishing, Inc.
This Korean edition is published by arrangement with NHK Publishing, Inc., Tokyo
in care of Tuttle-Mori Agency, Inc., Tokyo through Enters Korea Co., Ltd., Seoul.
Korean translation copyright©2020 by Donghak Publishing Co., Ltd.

이 책의 한국어판 저작권은 ㈜엔터스코리아를 통해 저작권자와 독점 계약한 주식회사 동학사(그린쿡)에 있습니다.
저작권법에 의하여 한국 내에서 보호를 받는 저작물이므로 무단전재와 무단복제를 금합니다.

옮긴이_ 용동희
서강대학교 화학공학 석사, 경희대학교 조리 외식 석사를 졸업하고 다양한 분야를 넘나들며 활동하는 푸드디렉터이다. 스타일링, 메뉴 개발, 외식컨설팅 등 활발한 행보를 이어가고 있다. 현재 콘텐츠 그룹 CR403에서 요리와 스토리텔링을 담당하고 있다. 또한 일본 요리책을 한국에 소개하는 요리 전문 번역가로도 활동하고 있다. 저서로는 『살림의 기술』, 『아이와 함께하는 행복한 요리』, 『당신에게 드리는 도시락 선물』, 『찬국수』 등이 있으며, 역서로는 『플레이팅의 기술』, 『샌드위치, 어떻게 조립해야 하나?』, 『튀김의 기술』, 『고기굽기의 기술』, 『소스의 기술』, 『치즈 소믈리에가 되다』, 『봄, 여름, 가을, 겨울 과일을 맛있게 사랑하는 114가지의 방법』 등이 있다.